GANZ SEGOVIA

Text: María Jesús Herrero Sanz

Editorial Escudo de Oro, S.A.

Alter Stich der Stadt mit dem emblematischen Bild des römischen Aquädukts.

GESCHICHTE UND STÄDTEBAULICHE ENTWICKLUNG SEGOVIAS

Die Legende berichtet, dass Segovia von Herkules dem Ägypter, Urenkel Noahs, um das Jahr 1076 v. Chr. gegründet wurde. Sicher ist, dass es Iberer, *arévacos* (Einheimische der römischen Provinz Hispania Tarraconensis), *vacceos* und Kelten bevölkerten. Mit der Ankunft Roms vor zweitausend Jahren trat die Stadt in die Geschichte ein, wenn auch bereits vorher eine keltische Burg existierte, die dem Eindringling wütenden Widerstand leistete.

Wir haben keine sicheren Daten über die Niederlassung des ursprünglichen Ortes Segovia, aber es scheint, dass er im westlichen Teil der heutigen ummauerten Zone eingerichtet war, in den tiefgelegenen Teilen des Viertels San Marcos und an den Abhängen, die diese abgelegenen Stellen verbinden. Im oberen Teil befanden sich die Verteidigungen, wo bereits zur Zeit der Römer Brüstungen und die ersten Stützen ihrer ungeheuren Burg gebaut wurden.

Dann, in den Kämpfen der imperialen und in der westgotischen Zeit, verliessen die Bewohner des antiken **Secuvia** die Festungswerke der Höhen und richteten sich an den Ufern der Flüsse Eresma und Clamores ein hauptsächlich ab der heutigen Fuencisla bis zur Alameda. Die Stadt musste damals bereits sehr angesehen sein, nach der Zahl der errichteten Kirchen zu urteilen. Sie war **freie Stadt** der Römer, und Löwengild bemächtigte sich ihrer vollständig.

Im Laufe der Jahre sah man, dass diese Stellen der Ufer des Areva, alter Name des Eresma, unsicher waren, und die Bevölkerung begann, sich an den Felsen und Bergrücken des heutigen Segovia anzusiedeln. An diesen

Stellen errichteten sie dem christlichen Glauben Kirchen und setzten die Festung des Alkazar instand; da sie an nichts anderes dachten, als an die Verteidigung, rückten sie zusammen und schlossen sich in ihren Mauern ein. Es ist die Zeit der Wiederbevölkerung von Alfons VI und dem Grafen Raimundo de Borgoña. Aber die Strassen dieses Bereiches erwiesen sich als eng, steil und unzureichend. Also mussten die Segovianer aus den Mauern heraus und sich bis zum unteren Teil ausdehnen. In den heutigen Vierteln San Millán, El Salvador und Santa Eulalia begannen sie, ihre Häuser zu errichten; aber hauptsächlich richteten sie sich in der Pfarrgemeinde Santa Columba ein, wobei sie nicht einmal das Aquädukt schonten, da sie unter seinen Bogen Gebäude anbauten, die bis Anfang des Jahrhunderts fortbestanden. Es gab zwei klare Trennungen in der Stadt: der obere und der untere Teil. Im ersten wurden, als die Rückeroberung bereits bekräftigt war, neue Kirchen, schöne romanische Gotteshäuser, vornehme Häuser und der Stadtrat gegründet. Im zweiten, den Aussenvierteln, gehörten die Bewohner zur bescheideneren Klasse, Handwerker, Arbeiter und Viehzüchter. Hier wurden die grossen Klöster und religiösen Zentren gegründet, während sich im Mittelalter die Herstellung von Kleidung und Webstühlen entwickelte, da dort die Wasser von Eresma und Clamores verliefen. Es ist die Zeit des Wohlstandes der Stadt. Während des XV. und XVI. Jh. werden grosse Renaissancepaläste sowie die neue Kathedrale gebaut, um die alte, im Krieg des Volksaufstandes in Kastilien unter Karl V zerstörte zu ersetzen. Während des XVII. Jh. verfällt die Kleidungsindustrie, und es wurde sehr wenig gebaut. Im XVIII. Jh. gewinnt die Stadt gewissen Wohlstand zurück, als 1764 unter königlichem Schutz das Königliche Artillerie-Kolleg im Alkazar eingerichtet wurde.

Der Unabhängigkeitskrieg und die Besetzung der Stadt durch die karlistischen Truppen ruiniert die segovianische Industrie völlig und zerstört die Viehzucht. Das städtische Leben wird ungewiss und eintönig; nichts wird geschaffen und viel zerstört. Die Stadtverwaltungen reissen bei ihrer Stadterschliessung die Tore San Juan und San Martín ein; die romanischen Kirchen San

Panorama Segovias mit dem Alkazar im Vordergrund

Facundo, Santa Columba, San Ramón, San Pablo und andere in den Aussenvierteln sowie die Klöster de la Merced und de los Huertos, u.a.

Das Missgeschick nimmt mit den Bränden des Alkazar und der Synagoge zu. Noch im ersten Drittel des XX. Jh. werden die grossartigen Klosterkirchen San Agustín und San Francisco zerstört und die Umwandlung der fast unberührten mittelalterlichen Häuseransammlung betont. Zum Ausgleich fördert man Ende des XIX. Jh. die Einrichtung verschiedener Industrien: Fabrik für Steingut (am Eresma-Ufer), Mehl, Keramik, Papier, Harz, etc. Seit dem Bürgerkrieg hat sich die Bevölkerung verdoppelt, 55.000 Einwohner, und mit der Einrichtung neuer Industrien sind ausgedehnte Aussenviertel entstanden. Die wichtigste industrielle Errungenschaft war die Schaffung des Industrieansiedlungsgebietes «El Cerro» 1961, das 1974 vollständig besetzt war. Kürzlich sind in der Umgebung der Stadt zwei neue Ansiedlungsgebiete geschaffen worden: das von Hontoria und von Valverde del Majano.

Die Stadt dehnt sich zu beiden Seiten des Aquädukts aus.

Teilansicht Segovias, bei welcher der Kathedralenbau auffällt.

GESAMTBILD SEGOVIAS UND SEINER BAUDENKMÄLER

Die Stadt Segovia liegt auf einem Felsen, der sich von Osten nach Westen ausdehnt, in ungefähr tausend Metern Höhe über dem Meeresspiegel. Zwei Flüsse umgeben sie, der Eresma im Norden und der Clamores im Süden, die im Westen, am Fuss des Alkazar, zusammenfliessen. In den im Eresma-Tal ausgegrabenen Höhlen hat man Spuren der Neusteinzeit und der Kultur des glockenförmigen Gefässes gefunden. Aus der ersten Romanisierung sind Münzen aus Bronze (mit einer männlichen Büste auf der Vorderseite und dem «iberischen Reiter» mit dem Namen der Stadt auf der Rückseite) sowie Gestalten von Stieren und Wildschweinen erhalten, die ungeschliffen in Granit gehauen sind.

Das grosse Geheimnis der Romanisierung in der Stadt ist die Fortdauer ihres Aquädukts, eines der eindrucksvollsten Baudenkmäler der ganzen römischen Welt, in einer Stadt, deren Name in der antiken Geschichte kaum klingt und die von dieser Herrschaft nur einige Grabsteine ländlicher Kunst bewahrt.

Die Stadt war in der Westgotenzeit Bistumshauptstadt, aber aus dieser Zeit sind nur die Nekropolen der Umgebung geblieben, wo Bronzefibeln und reiche Broschen aufgetaucht sind. Aus der kurzen mohammedanischen Zeit ist nur eine Säule mit ihrem Kapitell in Kalifenart auf uns gekommen. Lange Zeit blieb der Felsen, auf dem die Stadt angesiedelt war, verlassen, aber das Leben ging in den Aussenvierteln weiter. Bereits im XII. Jh. schrieb El-Idrisi, dass Segovia keine Stadt sei, sondern eine Reihe von Dörfern, die mit ihrer Kavallerie dem Herrn von Toledo dienten.

Im Jahr 1088 bevölkerte Graf Raimundo de Borgoña,

Wegen seiner besonderen Lage hat man Segovia als Schiff beschrieben, das den Alkazar als Bug und die Kathedrale als Hauptmast hat.

Schwiegersohn Alfons' VI., die Stadt wieder. Das Leben kehrte zu dem verlassenen Felsen zurück, der sich mit Kirchen, Palästen, Türmen und kleinen Bürgerhäusern bedeckte. Das XIII. Jh. war eine Blütezeit für die Stadt, nach den vielen Baudenkmälern zu urteilen. Man weiss von etwa dreissig romanischen Kirchen, von denen an die zwanzig noch stehen, die zum grössten Teil noch für den Gottesdienst, andere für verschiedene Zwecke benutzt werden. Die primitive Kathedrale an der Esplanade des Alkazar ist in ihrer grundlegenden Struktur ein grosser romanischer Palast, wie die Häuser der Cáceres, der Herkulesturm und unzählige bescheidene Häuser, vor allem in dem Viertel San Esteban und in dem von Las Canongías. Es gibt ausserordentliche Exemplare: die Kirchen San Millán, San Esteban, San Martín, San Juan de los Caballeros und La Trinidad.

Die Besonderheit der segovianischen Romanik findet sich an ihren Vorhallen mit Bogenwerken über gepaarten Säulen, welche die Kirche auf einer, zwei oder drei Seiten umgeben. Der ornamentale Reichtum an den Kranzgesimsen und Kapitellen entschädigte für die dürftige Struktur des Mauerwerks, die man häufig mit Holz bedeckte. Den Grund für die Vorhalle kann man durch die Aktivität des Zunftlebens und die vielen Bruderschaften erklären, die diese Vorhöfe als überdachte und sonnige Stellen anordneten, da sie für die Unterhaltungen günstiger waren als die kalten Innenräume der Kirchen. Während des XIV. und XV. Jh. war die Stadt Segovia eine Anhäufung verschiedener Kulturgemeinschaften, da Christen, Mohammedaner und Juden harmonisch zusammenlebten. Die christliche Stadt war auf verschiedene Viertel verteilt: die Domherren zwischen der Kathedrale und dem Alkazar; die Adeligen im Zentrum und Osten; die Kaufleute und Werkstätten für feine Gewerbe bei den Mauern des Südens; das Judenviertel befand sich innerhalb der Mauern, hinter der Kathedrale, zum Tor San Andrés hin; und das Maurenviertel in der Vorstadt San Millán.

Fast alle Bewohner des Maurenviertels arbeiteten im Baugewerbe und waren geschickte Maurer und Schreiner. Ihnen ist der Mudejarstil einiger Pfarrkirchen zu danken, wie San Lorenzo, der Klöster von El Parral und San Antonio el Real, des Alkazar sowie vieler Privathäuser und Paläste. Das dauerhafteste Siegel dieses Mudejarstils ist die **Sgraffiti**-Verzierung, die man erhält, wenn man anhand eines Kurvenlineals die Glätte der mit Gips beworfenen Mauer auskratzt, um ein Relief von zwei Ebenen zu erhalten: das vordere glatt, das einen Ton heller bleibt, und das innere, rauh und dunkler.

Zum XV. Jh. gehören die meisten befestigten Häuser und Paläste der Adligen vornehmer Geschlechter: Marquisen von Moya, de la Hoz, Aguilar, Lozoya, etc. Viele dieser Häuser mit Türmen schliessen mit Galerien ab, die Trockenplätze für Wolle waren und darauf hinweisen, dass der Reichtum ihrer Besitzer aus der Wanderviehzucht oder den Tuchindustrien bestand.

Johann I und Heinrich IV liebten Segovia übermässig und verwandelten seinen Alkazar in einen wunderschönen Wohnsitz. Heinrich IV bestimmte ein grosses Haus der Pfarrgemeinde San Martín zum Königspalast und hatte sein Vergnügungshaus in dem heutigen Kloster San Antonio el Real. Nachher wurde die Stadt der Bewegung des Volksaufstandes in Kastilien unter Karl V übergeben, mit Juan Bravo in ihren Reihen, den Verteidigern der bürgerlichen Freiheiten gegen den Absolutismus der königlichen Macht. Die Niederlage verminderte nicht die wirtschaftliche Lebenskraft der Kaufleute und Fabrikanten Die Eroberung Amerikas eröffnete den segovianischen Tuchen neue Märkte. Dieser Wohlstand ging auf grosse fromme und wohltätige Gründungen der grossen spanischen Mystiker über: Theresia von Avila, Hl. Franz von Borgia, San Juan de la Cruz. Aber das grosse Werk, das alle in einem Trachten vereinte, war der Bau der neuen Kathedrale.

Seitdem nahm die Stadt, erschöpft von dieser gewaltigen Anstrengung, keine grossen Unternehmungen in Angriff, ausser bei den Königssitzen auf Initiative der neuen Dynastie. Der Optimismus der Generation Karls III. produziert in den Fabriken ein glanzvolles und flüchtiges Blühen. Gleichzeitig stürzte die 1780 gegründete Segovianische Wirtschaftsgesellschaft der Freunde des Landes ihre Bemühungen in das Aufleben der wirtschaftlichen Tätigkeit und in die Entwicklung der Kultur. Die Tuchfabrik von Ortiz de Paz, heute Artillerieregiment, und die Schule für Kunstgewerbe, 1778, bilden das industrielle und kulturelle Panorama einer Stadt die neu aufleben will.

Während des XIX. Jh. entstand kein erwähnenswertes Bauwerk. Im allgemeinen beschränkte sich die Bautätigkeit auf Verfeinerungen und den Wiederaufbau des Alkazar, der 1862 gebrannt hatte. Alfons XII ordnete seine Wiederherstellung an, welche die Architekten Bermejo und Odriozola durchführten. Anfang des XX. Jh wurde mit dem von Cabello in neoplatereskem Stil errichteten Gebäude die Anordnung des Hauptplatzes abgeschlossen. Vielleicht sind die besten Architekturbeispiele der vierziger Jahre die Einfamilienhäuser der Familie Sousa (zerstört), das von Nicomedes García und die Gebäude der Zivilregierung am Platz des Seminars, der Justizpalast in der Strasse San Agustín und das prunkvolle Gebäude der Sparkasse in der Avenida de Fernández Ladreda. Interessant ist auch die Anordnung der Siedlung des Generals Valera im Paseo Nuevo, und bereits aus unseren Tagen sind die Bauarbeiten von Aracil und Curro Inza hervorzuheben, Architekten der Wurstfabrik «El Aqueducto».

Luftansicht Segovias. Das Aquädukt, Wahrzeichen der Stadt, ist eines der wichtigsten Baudenkmäler der römischen Ingenieurskunst.

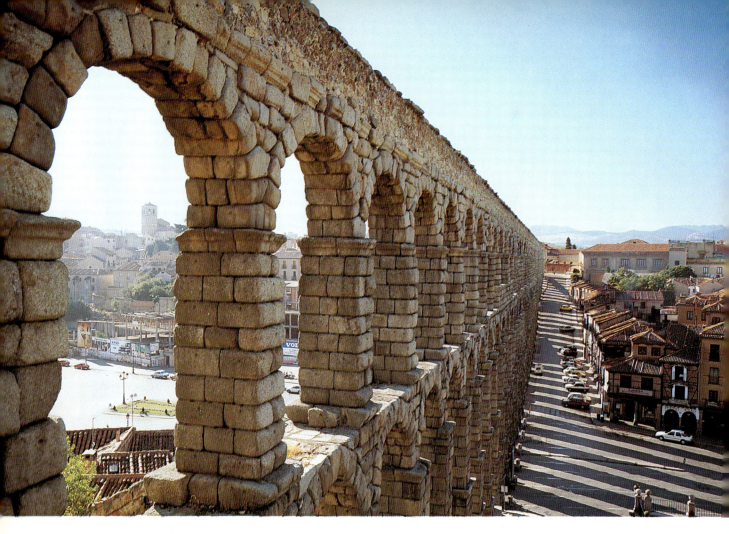

Das Aquädukt im Licht der Morgendämmerung.

EINZELNE BAUDENKMÄLER

DAS AQUÄDUKT

Das Aquädukt ist das Symbol Segovias und das wichtigste der in Spanien erhaltenen Überbleibsel der römischen Zeit. Es handelt sich um eines der interessantesten Baudenkmäler der Antike und stellt innerhalb der römischen Architektur die gelungenste Synthese von Kunst und Technik dar. Wie bei allen grossen Unternehmungen ist sein Ursprung mit mythischen Legenden verbunden: Diego de Colmenares schreibt seine Gründung Herkules dem Ägypter zu. Es gibt sogar Behauptungen, dass sein Bau dem Teufel zu danken ist.

Der Legende zufolge lebte vor vielen Jahren im oberen Teil der Stadt eine junge Wasserträgerin, Juana genannt, die alle Tage zur Stadt hinabstieg, um Wasser zu holen. Jeden Tag wurde ihr diese Aufgabe beschwerlicher, so dass sie in einem Wutanfall sagte: «meine Seele würde ich dem Teufel geben, wenn das Wasser bis zu meinem Haus käme». Der Teufel entsprach ihren Wünschen mit der Bedingung, dass sie ihm ihre Seele übergebe. Die junge Frau fügte hinzu, dass er nur dann ihre Seele bekäme, wenn das Wasser bei ihrem Haus anlangte, ehe der Hahn schrie. Als Juana sich ihrer grossen Sünde bewusst wurde, schloss sie sich in ihrem Haus ein und betete, Gott möge ihr verzeihen. In der Nacht hörte man seltsame Geräusche, und die junge Frau war voller Angst. Juanilla betete weiter, und der Hahn schrie genau dann, als ein Stein fehlte, um den Bau zu vollenden. Ein einzelner Stein hatte sie gerettet, weil es dank ihrer Gebete früher Tag geworden war. Die Bewohner des Azoguejo brachten den letzten Stein der schönen Puente Seca (Trockenen Brücke) an, wie sie früher hiess. Feststeht, dass man die Bauzeit nicht ge-

Bei dem Azoguejo-Platz erreicht das Aquädukt seine höchste Höhe, 28,90 m.

nau kennt, da zu den traditionellen Theorien, die Trajan als den Kaiser angeben, unter dessen Befehl er stattfand, die neuen Forschungen den Namen Nervas als den Kaiser vorschlagen, der ein so grosse Unternehmen anordnete. Wie es auch sei, es handelt sich um einen Bau der zweiten Hälfte des I. oder ganz am Anfang des II. Jh., ausgeführt mit trocken verbundenen Quadersteinen, ohne jegliche Art von Zement. Um diese Quadersteine zu heben, benutzte man Krampen, Haken, die sich über kleinen, zuvor in jedem Stein gearbeiteten Versenkungen, die heute perfekt zu sehen sind, durch das Eigengewicht der Steine schliessen. Bogenrundungen aus Holz, Blockrollen und Seile machten es möglich. 1974 feierte es sein zweitausendjähriges Bestehen.
Die Länge des Aquädukts beträgt 728 m und seine höchste Höhe im Azoguejo 28,90 m. Es besteht aus einem ersten Bogenwerk mit einfachen Bogen, das bei der Strasse von San Ildefonso beginnt und sich bis zum Platz von Día Sanz hinzieht; die Bogen dieses Abschnitts, die allmählich grösser werden, belaufen sich auf 75. Dann fängt das doppelte Bogenwerk an, um das ausgeprägteste Gefälle zu überspannen. Diese Phase beläuft sich auf insgesamt 88 Bogen, denen 4 einfache Bogen innerhalb des ummauerten Bereiches zuzuzählen sind. Die Gesamtsumme an Bogen beträgt also 167. Viele Veränderungen und Wiederherstellungen hat dieses einzigartige Baudenkmal erfahren, eine der bemerkenswertesten zur Zeit Isabellas I. von Kastilien und Ferdinands V. von Aragonien. Dem entspricht, dass es im ersten Sektor des einfachen Bogenwerks 36 spitze statt der runden Bogen gibt. Besagte Bogen wurden von Fray Juan de Escobedo gemacht, einem Hieronymitermönch von El Parral, um den von Al-Mamun, Maurenkönig von Toledo, 1072 zerstörten Sektor wiederherzustellen.

Detail der mittelalterlichen Mauern. Auf dem unteren Bild das Tor San Cebrián.

In dem Kragstein über dem Azoguejo, unter den Bogennischen, befanden sich die Bronzebuchstaben, die sich auf seine Gründung bezogen. 1520 wurden in besagten Bogennischen die Bilder der Mutter Gottes und des Hl. Sebastian aus Stein aufgestellt.

Bis 1884 lief das Wasser durch einen im oberen Teil des Aquädukts angelegten Kanal. Das Wasser kommt von der Bergkette Riofrío, und der Fluss, von wo er das Wasser nimmt, ist der Acebeda, etwa 15 km von Segovia entfernt. Hier baute man eine Wasserpumpe; dann Wassergräben und Kanäle. Wenn das Wasser zur Stadt kommt, trifft es auf das erste Haus aus Stein, Almenara, das die überzähligen Wassermengen abführt und nur etwa 20 Liter pro Sekunde durchlässt. In 780 m Entfernung befindet sich das zweite Wasserhaus, das ein grosser Sammelbrunnen ist, der zum Klären von aufgewühltem Sand und für die Ausscheidung schwimmender Gegenstände benutzt wird. Dann fliesst das Wasser wieder frei bis es den Stein trifft, der grandios zum geflügelten Bogen geworden ist, um seinen Verlauf in reine Kunst zu verwandeln.

DIE STADTMAUERN UND IHRE TORE

Die Stadtmauern, die den Felsen einschnüren, der von den Tälern verteidigt wird, die Eresma und Clamores bilden, verdanken ihren Bau der Wiederbevölkerung durch Alfons VI Ende des XI. Jh. Dieser König übertrug die Aufgabe, die Einfriedigung Avilas zu bauen, seinem Schwiegersohn Raimundo de Borgoña, so dass wir annehmen können, da dessen Aufenthalt in unserer Stadt dokumentiert ist, dass dasselbe noch einmal mit der Segovias geschah. Die Stadtmauer beginnt und endet im Alkazar mit einer Ausdehnung von fast 3 km, obwohl an einigen Stellen die angrenzenden Gebäude fast ihr Profil verdecken.

Die Betrachtung des Aquädukts ruft ein Gefühl von Majestät und Grossartigkeit hervor.

Ursprünglich öffneten sich in diesen Stadtmauern sieben Tore und sieben zusätzliche kleine Mauerdurchgänge oder Türchen. Im XIX. Jh. wurden vier dieser Tore abgerissen, und von den Durchgängen sind nur zwei zugemauerte und ein passierbarer geblieben. Die abgerissenen Tore waren die der Sonne, des Mondes, San Martín und San Juan, erhalten blieben San Cebrián, Santiago und San Andrés. Das erste von diesen, das einfachste und reizvollste, öffnet sich zum Eresma-Tal und entspricht dem ältesten Abschnitt der Stadtmauer, wobei es seinen kriegerischen Charakter bei dem Aufstieg zur Stadt zeigt. Neben dem Tor San Cebrián steht ein Steinkreuz von Ende des XVI. Jh.

Das Santiago-Tor, ebenfalls zum Eresma-Tal hin geöffnet, bietet mit Hufeisenbogen eine Struktur im Mudejarstil. In Richtung Westen setzt sich ein guter Mauersektor fort, der sich bis in die Nähe des Alkazars verlängert. Auf der entgegengesetzten Seite des Tors ist die Stadtmauer durch einen Erdrutsch in den sechziger Jahren eingestürzt.

Das Tor San Andrés, Zugang zum alten Judenviertel, öffnet seine Struktur dem Flussbett des Clamores und wurde zu Zeiten Karls I. restauriert. Man kann an ihm Wiederherstellungen im Mudejarstil feststellen. Am inneren Teil des Tors gibt es eine Steinplatte, die an die Spaziergänge des Suchers Don Pablos in seiner Umgebung erinnert. Im oberen Teil gibt es einen der Mutter Gottes der Hilfe geweihten Heiligenschrein.

Das Tor San Andrés.

Die Kathedrale von La Piedad aus gesehen.

Luftansicht der Kathedrale.

RELIGIÖSE BAUDENKMÄLER

DIE KATHEDRALE (Plaza de la Catedral)
Der Bau der alten Kathedrale Santa María muss kurz nach der Wiederbevölkerung Segovias zur Zeit Alfons' VII., zwischen 1136 und 1144, begonnen haben. Die Kathedrale Santa María stand dem Alkazar gegenüber, und Ende des XV. Jh. war sie ein Konglomerat von Gebäuden verschiedener Zeiten und Stile.
1520 bricht der Volksaufstand in Kastilien unter Karl V aus. Seine Anhänger setzen sich in der Kathedrale fest und die Königstreuen im Alkazar. Das Ergebnis war die Zerstörung der Kathedrale. Das Domkapitel beschloss zuerst, in die Kirche San Andrés umzuziehen und dann nach Abstimmung in die des Klosters Santa Clara am Hauptplatz.

Unter den für den Neubau der Kathedrale erhaltenen Entwürfen wählt das Domkapitel das Projekt von Juan Gil de Hontañón, der damals Baumeister der neuen Kathedrale Salamancas war. Am 8. Juni 1525 wird nach der von Bischof D. Diego de Rivera gehaltenen Messe und einer feierlichen Prozession der erste Stein gelegt. Der Tod von Juan Gil im Jahr 1526 führt dazu, dass sein Bauführer García de Cubillos die Arbeit übernimmt, bis im September desselben Jahres Rodrigo Gil de Hontañón, Sohn von Juan, als Baumeister empfangen wird. Am 15. August 1558 war die Kathedrale bis zum Kreuzschiff gebaut, und ihre Einweihung fand mit grossen Festlichkeiten statt. Der hohe Turm zeichnete sich mit seiner grossen gotischen Spitze aus von Amerika gebrachtem Mahagoniholz und feuervergoldetem Blei vom Himmel ab. Zur gleichen Zeit, als der Bau durchgeführt

Rückwärtige Fassade der Kathedrale.

Der Hauptplatz und die Kathedrale.

wurde, verlegte man den gotischen Kreuzgang der alten Kathedrale, des XV. Jh., und baute ihn in der neuen auf, ebenso das Chorgestühl, die beiden einzigen Werke, die bei der Zerstörung in den Kriegen des Aufstands davonkamen. Der Bau der Hauptkapelle wurde 1563 begonnen, in genau dem Jahr, in dem man die Konstruktion des Eskorial in Angriff nahm, wobei sich das Problem stellte, welche Form für das Kopfende zu wählen sei. Man entschied sich für das vieleckige Kopfende, ein glücklicher Abschluss für ein schönes und zusammenhängendes Werk.

Die Bauarbeiten sollten noch viele Jahre danach weitergehen. 1614 zerstörte ein Blitz die grosse Turmspitze und verursachte auch den Brand der Decken. Fünf Jahre später restaurierte Juan de Mugaguren den Turm und gab ihm die heutige Struktur, zwölf Meter weniger als die vorige. Zur gleichen Zeit entwarf Pedro de Brizuela das Tor San Frutos in herrerianischem Stil, und einige Jahre später fügte man der Kirche die barocke «Sagrario-Kapelle» hinzu. Die Kathedrale wurde 1768 geweiht, ist 105 m lang, 50 breit und im Mittelschiff 33 hoch; der Turm misst 88 m. Wegen der Stattlichkeit, Helle und Anmut ihrer Linien hat man sie mit Recht **Dame der Kathedralen** genannt.

Wenn man das Tor San Frutos durchschritten hat, gelangt man zur ersten Kapelle rechts, La Piedad genannt. In ihr gibt es ein eindrucksvolles Altarwerk gleichen Namens, das Juan de Juni 1571 schnitzte. Gegenüber ein flämisches Triptychon der «Kreuzabnahme», Anfang des XVI. Jh. von Ambrosio Benson gemalt. Das gotische Gitter stammt aus der alten Kathedrale. In der dritten, den Heiligen Kosmus und Damian geweihten Ka-

Seitenschiff und Aussenansicht des Chors mit den Evangelistenfiguren.

Flämisches Tafelbild der «Jungfrau Maria mit der Birne» von Ambrosio Benson, XVI. Jh.

pelle, hat man kürzlich die Skulpturen «La Concepción» und die der Titelheiligen als Werke von Gregorio Fernández dokumentiert. In der letzten Kapelle dieses Abschnitts, der Capilla de la Concepción, gibt es eine gute Sammlung von Gemälden des Sevillaners Ignacio de Ries, Schüler von Zurbarán. Diese Kapelle gehörte Don Pedro de Contreras Miñano, Admiral Philipps IV., der am Gitter die in seinen eigenen Schiffen von Spanisch-Amerika gebrachten Hölzer verwendete, ein Motiv, das auf den Wandgemälden der Kapelle dargestellt ist.

Im Chor hinter dem Chor gibt es einen kostbaren Marmoraltar, der die Reliquien des Hl. Frutos enthält. Er ist das Werk von Ventura Rodríguez und wurde für die Kapelle des Palastes von Riofrío entworfen, aber nie dort aufgestellt.

In der Kapelle des liegenden Christus befindet sich die Schnitzarbeit von Gregorio Fernández in einer Urne, die in der Karfreitagsnacht zur Prozession herausgeholt wird. In der benachbarten Kapelle Santa Bárbara bewundert man ein Taufbecken, das Heinrich IV der alten Kathedrale schenkte. In der folgenden Santiago-Kapelle kann man das majestätische Altarwerk bewundern, das Pedro de Bolduque 1595 schnitzte, sowie die Gemälde des Segovianers Alonso de Herrera, um 1600. Die Sakramentskapelle bietet uns den «Christus der Agonie» von Manuel Pereira, der den Marquisen von Lozoya gehörte. 1897 fertigte Daniel de Zuloaga den grossartigen Keramikaltar an, der ihn einrahmt.

Die Hauptkapelle besitzt ein grosses klassizistisches Altarwerk aus Marmor und Bronze, von Sabatini entworfen. In der Mitte fällt die «Mutter Gottes des Friedens» auf, ein Geschenk Heinrichs IV. an die alte Kathedrale, eine sitzende Figur des XII. Jh., die im XVIII. mit Silber überzogen wurde. Man muss auch am Chor anhalten, um die Stühle zu bewundern, die in der zweiten Hälfte des XV. Jh. geschnitzt wurden, als Don Juan Arias Dávila Bischof war. Das platereske Chorpult in der Mitte ist das Werk von Vasco de la Zarza. Die Gitter des Chors und der Hauptkapelle sind Meisterwerke der barocken Gitterherstellung, 1733 in Elgoibar von den Elorza geschmiedet. Besondere Erwähnung verdienen die kunstvollen Glasfenster der Kirche, einige davon primitive flämische und andere des XVII. Jh. sowie die beiden Orgeln des XVIII. Jh.

Die Orgeln und das Chorgitter. Im Hintergrund der Hauptaltar.

Kapitelsaal: Kruzifix der Schule von Valladolid und flämische Wandbehänge der Königin Zenobia.

KATHEDRALENMUSEUM Die Räume, die dieses Museum bilden, verdienen, obwohl sie sich innerhalb der Kathedrale befinden, einen besonderen Absatz. Man tritt ein durch die Kapelle des Christus des Trostes, deren gotisches Portal des XV. Jh. von der alten Kathedrale stammt, eine Arbeit von Juan Guas und Sebastián de Almonacid. Juan Campero versetzte es an seinen heutigen Standort. Über der Türschwelle fällt die Figurengruppe der Pietà oder fünften Betrübnis mit dem Hl. Johannes und der Magdalena innerhalb einer spätgotischen Verzierung von Ende des XV. Jh. auf. Die Gräber der Bischöfe Don Raimundo de Losana und Don Diego de Covarrubias sind zwei ausgezeichnete Beispiele für Grabskulptur.

In der Kapelle, die das untere Ende des Turms aufnimmt, kann man einen Teil des Kathedralenmuseums bewundern. Hervorhebenswert sind einige Gemälde, die man Van Eyck, Berruguete, Morales und anderen berühmten Malern zuschreibt, sowie verschiedene interessante Reliquienschreine, unter denen ein Benvenuto Cellini zugeschriebener auffällt. Man kann auch eine interessante Sammlung religiöser Goldschmiedekunst, Kruzifixe aus Elfenbein und eine merkwürdige Prozessionsorgel des XVIII. Jh. bewundern. Ein sehr bedeutendes Werk ist die Karosse, die in der Fronleichnamsprozession ausfährt, deren oberer Teil aus bearbeitetem Silber der Silberschmied Rafael González herstellte. In der Mitte der Kapelle erscheint das Grab des Infanten Don

Chorpult von Vasco de la Zarza im Kathedralenchor.

Pedro, Sohn Heinrichs II., der aus den Armen einer Kinderfrau über den Mauerabsatz des Alkazars fiel. Vorher war er in der alten Kathedrale beigesetzt.

Der Kapitelsaal ist ein herrlicher Raum mit edlen Proportionen, dessen Wände mit einer ausgezeichneten Sammlung von Wandteppichen geschmückt sind. Sie wurden im XVII. Jh. in Brüssel gewebt und stellen Szenen aus dem Leben der Königin Zenobia dar. Die den Raum bedeckende Kassettierung ist eine ausgezeichnete Schnitz- und Vergoldungsarbeit, die dem ganzen Komplex besonderen Glanz verleiht. Ein «Christus am Kreuz» des XVI. Jh. öffnet in der hinteren Mauer seine schmerzenden Arme. Wenn man aus diesem Raum kommt, sieht man ein schaudererregendes Gemälde aus der Schule von Valdés Leal und andere Gemälde.

Das Museum ergänzt ein weiterer Raum, der über dem Kapitelsaal liegt. In ihm werden aufbewahrt: eine ausserordentliche Sammlung von Inkunabeln der zweiten Hälfte des XV. JH., die zu den besten Spaniens gehören; prächtige Kirchengewänder; Reliquienschreine, gerollte Privilegien, königliche Schriftstücke, Wandbehänge und ein wertvolles Münzkabinett.

Bereits draussen, erscheint in der Wand des Kreuzgangs das Grab von Maria des Sprungs, der in Fuencisla vom Fels gestürzten Jüdin.

Flämischer Wandteppich der Mythologie-Sammlung, XVI. Jh.

Monstranz-Karosse aus vergoldetem Holz und Silber, von Rafael González, XVII. Jh.

Kirche San Millán.

SAN MILLAN
(Plaza de San Millán)

Sie beherrscht das gleichnamige Viertel, die alte Judenstadt. Sie ist ein Bau der ersten Hälfte des XII. Jh., gehört zu den ältesten Kirchen Segovias und wurde wahrscheinlich auf Initiative des aragonesischen Königs Alfons «der Kämpfer» gebaut. Das würde die ausserordentliche Ähnlichkeit dieser Kirche mit der Kathedrale von Jaca erklären.

Aussen verrät sie die Struktur von drei Schiffen mit ihren Apsiden am Kopfende plus einer vierten, die einer Kapelle in dem Hohlraum des Turms als Kopfende dient. Zwei Säulenvorhallen im Norden und Süden, mit herrlichen Kapitellen, das quadratische Kuppelgewölbe und ihr grossartiger mozarabischer Turm bilden einen der verlockendsten Komplexe der spanischen Romanik.

Im Inneren der Kirche fällt die Apsis des Mittelschiffs auf, in Einklang gebracht durch schöne Bogenwerke, die bis vor nicht langer Zeit hinter einem grossen Altarwerk verborgen waren, als man am Eingangsbogen zur Hauptkapelle bemerkenswerte Gemälde entdeckte. Die Decke des Kuppelgewölbes hat kalifale Struktur wie die von Jaca. Erwähnenswert sind zwei schöne Schnitzarbeiten des segovianischen Bildhauers Aniceto Marinas und die Wandgemälde von Alonso de Herrera in der Taufkapelle. Kürzlich ist sie mit grossartigen Glasfenstern ausgestattet worden, eine Arbeit von Muñoz de Pablos.

Schöne Blicke von Kirche San Millán.

Bild der Unbefleckten Empfängnis.

LA TRINIDAD (Calle de la Trinidad 2)

Sie ist eine der unversehrtesten und besterhaltenen Kirchen der Stadt, gebaut im XII. Jh. auf den Resten einer anderen, wahrscheinlich mozarabischen. Das Kircheninnere ist von eindrucksvoller Schönheit, vor allem wegen der Ausstattung mit überlagerten Bogenwerken in der Apsis ihres einzigen Schiffs. Auf der Evangelienseite hat sie eine angebaute gotische Kapelle der Familie Campo y Trinidad mit herrlichem Portal von Ende des XV. Jh. im Stil von Juan Guas. Beim Eingang dieser Kapelle fallen die sechs Tafeln des Altarwerks auf, das 1511 durch die Familie del Campo in Auftrag gegeben wurde. Man kann auch ein prächtiges Tafelgemälde von Ambrosio Benson bewundern, welches das von zwei Engeln gehaltene «Heilige Antlitz» darstellt. Diese schöne Kirche, mit stattlicher Aussenvorhalle und bemerkenswerten Portalen, ist zusammen mit dem benachbarten Dominikanerkloster ein Winkel von grosser beschwörender Kraft.

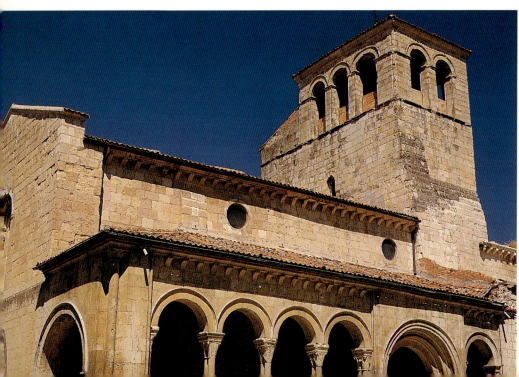

La Trinidad, romanische Kirche des XII. Jh.

Kirche La Trinidad: das Presbyterium, Altarwerk und «Das Heilige Antlitz», Gemälde von Ambrosio Benson.

Kirche San Martín: Detail der Vorhalle und die Strasse Juan Bravo.

SAN MARTIN
(Plaza de las Sirenas)

Die Kirche San Martín beherrscht eine der interessantesten Stellen der Stadt; die gestufte Perspektive von Las Sirenas überschauend, war sie vielleicht die reichste und wichtigste Pfarrkirche der Stadt. Ihre Herkunft und primitive Struktur sind die einer vorromanischen Kirche: Grundriss in Form eines in ein Quadrat eingezeichneten griechischen Kreuzes, dem man einen Kreuzarm sowie drei Apsiden und in einem späteren Zeitabschnitt die Vorhallen auf drei Seiten mit grossartigen romanischen Kapitellen anfügte.

Die Westfassade mit ihren Säulenfiguren erinnert an die französischen Motive von Moisac und an die von San Vicente in Avila. Sie hat zwei Apsiden, eine davon kürzlich entdeckt, da die mittlere bei einer der verschiedenen Erweiterungen verschwunden war. An der Aussenmauer der Hauptkapelle fällt die Reliefskulptur des Titelheiligen auf; in ihrem Inneren gibt es bemerkenswerte Kapellen mit Grabstätten, wie die der Herreras, die ein schönes Altarwerk mit Tafelgemälden segovianischer Werkstatt des XV. Jh. bewahrt. Unter den wertvollen Bildern, die sie birgt, ragen wegen ihrer Qualität ein «San Francisco de Asís» von Pedro de Mena, ein hochpathetischer «liegender Christus» von Gregorio Fernández und ein Ende des XVI. Jh. von Alonso Moreno, dem Schatzmeister der Königlichen Anlage der Münzstätte, aus Flandern gebrachtes Triptychon hervor.

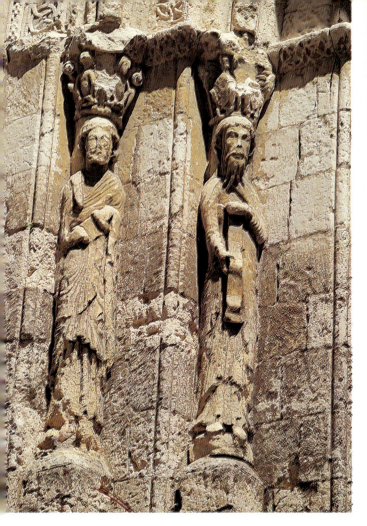

Kirche San Martín: Detail des Portikus, die Hauptfassade und die Grabstätte der Herrera.

Kirche La Vera Cruz.

LA VERA CRUZ (Crta. de Zamarramala)
Die Kirche Vera Cruz oder der Templer steht bei dem Aussenviertel San Marcos am Rande des Weges, der nach Zamarramala führt. Sie wurde von den Rittern des Templerordens gebaut und 1208 geweiht, wie aus einer Inschrift hervorgeht. Als der Templerorden aufgelöst wurde, ging sie bis Ende des XVII. Jh. an den Malteserorden. Danach wurde sie aufgegeben, und ihre Rettung war die erste Handlung der Provinzkommission für Baudenkmäler im Jahr 1845. 1919 wurde sie unter Denkmalschutz gestellt und 1951 an den Malteserorden zurückgegeben, der sie wiederherstellte, wobei in der Turmkapelle Wandgemälde von Ende des XV. Jh. entdeckt wurden.

Der Grundriss von La Vera Cruz ist ein zwölfseitiges Vieleck, das im Osten von der dreifachen Apsis des Kopfendes und im Süden durch den Turm unterbrochen wird. Aussen verstärken einfache Gegenpfeiler die Kanten des Vielecks, und ein Kranzsims von einfachen Kragsteinen läuft rundum. Die Innenstruktur besteht aus einer zentralen Kapelle mit zwei Stockwerken und einem umlaufenden Rundgang. Dieser ist in zwölf Abschnitte unterteilt und wird von Rundgewölben bedeckt, die vorspringende Bogen trennen.

Der Mittelteil, bedeckt von einem Gewölbe nach Kalifenart und höher als das Schiff, ragt nach aussen heraus und bildet ein anmutiges Kuppelgewölbe. Wenn man zum oberen Stockwerk hinaufgeht, ist der orientalisch aussehende Altartisch mit verschlungenen Hufeisenbogen über salomonischen Säulchen eindrucksvoll. Vor diesem Altar, einem symbolischen Grab, wachten die Novizen des Ordens in der Nacht vor ihrer Ritterweihe.

Die Besonderheit des Mauerwerks von La Vera Cruz hat

auf diese Kirche die Aufmerksamkeit von Archäologen und Gelehrten gelenkt, die sie mit dem Tempel von Paris, dem Cristo de Thomar (Portugal) und der Kirche Eunate in Navarra verglichen haben. Auf jeden Fall rufen die schöne, harmonische und seltsame Struktur «der Templer» und ihr offensichtlich orientalischer Akzent einen Eindruck von Mysterium hervor, der ihren Reiz erhöht.

Es ist angebracht, vor dem grossen Altarwerk aus gemalten Tafeln anzuhalten, das an die Nordseite angelehnt und 1516 datiert ist, sowie in der Turmkapelle den Tabernakel in Schnörkelgotik zu sehen, der jahrhundertelang die 1224 von Papst Honorius III geschenkte Reliquie des Kreuzpartikels beherbergte.

SAN LORENZO (Plaza de San Lorenzo)

Sie befindet sich im gleichnamigen Viertel im Tal des Flusses Eresma, umgeben von charakteristischen Gebäuden, die mit ihren von Holzfachwerk verzierten Mauern einen Platz mit stark kastilischem Anhauch bilden. Drei grossartige Apsiden, mit der unbestreitbaren Qualität der Romanik des XII. Jh., und ein trefflicher Vorhof verleihen der Kirche einen Rang erster Ordnung, der durch den Turm noch betont wird, ein Fall von Backsteinromanik, der für Segovia ungewöhnlich ist. Im Inneren der Kirche kann man in der plateresken Kapelle San Marcos ein Altarwerk von Benito Giralte, Bildschnitzer, und Rodrigo de Segovia, Maler, bewundern, das 1532 in Auftrag gegeben wurde.

Altarwerk La Fuencisla in der Kirche La Vera Cruz.   *Kirche San Lorenzo: Vorhalle und Turm.*

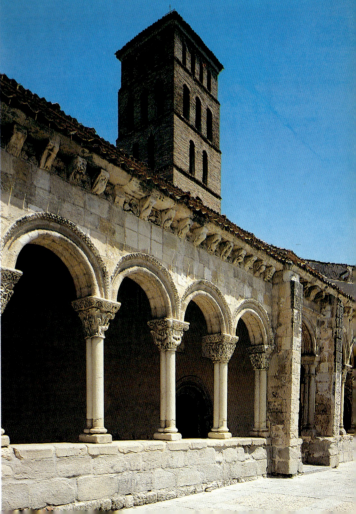

SAN ESTEBAN
(Plaza de San Esteban)

Die Kirche bewahrt von ihrem primitiven Mauerwerk nur den Turm und die Vorhalle, aber diese Bestandteile sind für sich allein zwei Gradmesser höchster Qualität. Der Turm besteht aus fünf Teilen, die sich über einem Unterbau derselben Höhe wie das Kirchenschiff erheben, plus der abschliessenden Turmspitze, mit insgesamt 53 Metern. Der Turm wurde als Folge des Brandes der alten Turmspitze im Jahr 1896 abgebaut bis dahin, wo die durchbrochenen Fenster beginnen, aber nachher in einem Prozess wiederhergestellt, der 1928 endete. Im Inneren wird ein «Kalvarienberg», Ende des XIII. Jh., verehrt, bei dem Christus die vom Kreuz gelöste Rechte fallen lässt wie der berühmte «Cristo de la Vega» von Toledo. Der Turm von San Esteban steht seit 1896 unter Denkmalschutz. Die letzte Wiederherstellung der Kirche in den sechziger Jahren hat die alte Turmspitze aus Schiefer durch eine aus Ziegel ersetzt, die mit den neuen Restaurierungstendenzen eher übereinstimmt.

Kirche San Esteban: der gotische «Kalvarienberg».

Kirche San Esteban: das Presbyterium.

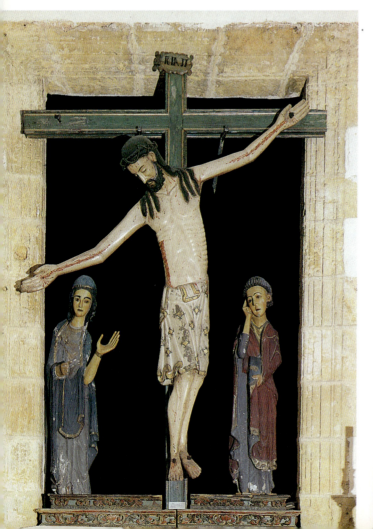

Die Kirche San Esteban zeichnet sich durch ihren eleganten Turm aus.

Kirche San Andrés: Glockenturm.

Kirche San Andrés: das Presbyterium.

ANDERE ROMANISCHE SPUREN

Durch die kapriziöse Linienführung der segovianischen Strassen, sowohl des ummauerten Bezirks wie der Aussenviertel, gibt es noch andere romanische Kirchen, die, ohne die Bedeutung der bereits aufgezählten zu erreichen, interessante Bestandteile bewahren. In der Oberstadt taucht die Kirche **San Andres** auf, am Platz La Merced, mit einer grossartigen Apsis und bemerkenswertem Turm; in ihrem Inneren gibt es ein Altarwerk mit ausgezeichneten Gemälden, die 1617 durch Alonso de Herrera vertraglich abgemacht wurden, und eine «Pietà» von grosser Qualität.

Auch die Kirche **San Sebastián,** die dort steht, wo das Aquädukt endet, besitzt eine charakteristische Apsis, ein bemerkenswertes Portal und einen umgebauten Turm.

Ausserhalb der Stadtmauern befindet sich die Kirche **San Clemente** am Anfang der Strasse des Gouverneurs Fernández Jiménez. Ihre Apsis bietet durch ihren zisterziensischen Einfluss wichtige Unterschiede in Bezug auf andere romanische Apsiden. Sie bewahrt die alten Portale und Reste einer Vorhalle des XV. Jh. Im Inneren der romanischen Kapelle, mit zugespitztem Rundgewölbe und halbkreisförmiger Apsis, hat man prächtige Wandgemälde entdeckt, die 1967 wiederhergestellt wurden. Das Thema der Gemäldekomposition ist der Baum Jesses, das heisst, der Stammbaum Christi.

Die Kirche **Santo Tomás,** am Ende der Strasse Ezequiel González, hat eine gute Apsis und kürzlich entdeckte Backsteinportale; in ihrem Inneren kann man einige interessante Gemälde bewundern.

Die Kirche **San Marcos,** in dem typischen Viertel ihres

Kirche San Clemente (oberes Bild) und Kirche Santo Tomás: Fassade und «Die Ungläubigkeit» des Heiligen Thomas...

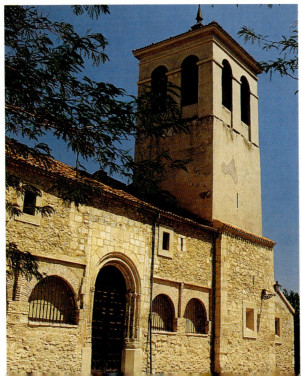

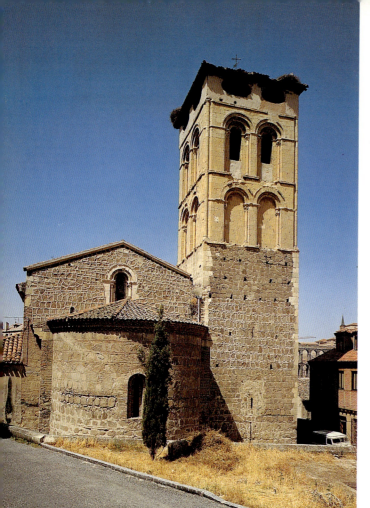

Kirche San Justo und zwei Bilder ihres Inneren: Detail des Portals, das zum Turm führt, und romanische Fresken.

Namens beim Eresma, gilt als die älteste Segovias. In ihr werden ein bemerkenswerter «Christus am Kreuz» und ein «Hl. Hieronymus» aufbewahrt, der an die Art von Berruguete erinnert.

In der Umgebung des Flusses Clamores erhebt sich bei der Autostrasse, die von dem Azoguejo-Platz zum Königlichen Sitz San Ildefonso führt, eine Anhöhe, «El Cerillo» genannt, bei der die Kirchen **San Justo** und **El Salvador** auffallen. Die erste bereitet uns, abgesehen von ihrem anmutigen Turm und ihrem kleinen romanischen Portal, eine der schönsten Überraschungen der Romanik Segovias. Das ganze Presbyterium ist mit prächtigen Gemälden verziert, wo der Christus in seiner Herrlichkeit oder *Pantocrátor* auffällt, umgeben von den 24 Greisen der Apokalypsis. In dem Raum vor dem Presbyterium spielt sich der ganze Passionszyklus Christi ab, mit der apokalyptischen Figur des Lamms in der Mitte. Bemerkenswert ist auch der bildhauerische Reichtum des kleinen Portals, das zum Turm führt. Dargestellt ist die Entdeckung des heiligen Grabes durch die Heilige Helene. Dieser Schmuck wurde 1964 entdeckt, als die Wiederherstellungsarbeiten der Kirche begannen. Der «liegende Christus», genannt «der Gaskogner», des XIII. Jh., der am Karfreitag in einer luxuriösen Glasurne durch die Strassen Segovias zieht, wird in der Kapelle seiner Bruderschaft in dieser Kirche aufbewahrt. Die Tradition vermutet, dass diese schöne Holzskulptur von gaskognischen Reisenden auf dem Rücken einer Stute nach Se-

Kirche El Salvador (Der Erlöser), die dieses bewundernswerte Triptychon «Die Anbetung der Könige» beherbergt.

govia gebracht wurde, wo sie vor der Tür dieser Kirche tot umfiel, untrügliches Zeichen dafür, dass hier das Bild ruhen sollte.

In der benachbarten Kirche El Salvador können wir anhalten, um ihr Kopfende, ihren Turm und in der Hauptkapelle, einem Werk der letzten kastilischen Gotik, ein prunkvolles churriguereskes Altarwerk zu betrachten. Wir müssen noch zwei romanische Kirchen erwähnen, die keinen Gottesdienst haben und deren Funktionen ganz andere sind als die, für die sie geschaffen wurden. Die erste ist die Kirche **San Nicolás,** romanisch des XII. Jh., eingeschlossen im ummauerten Bezirk. Als man sie in den sechziger Jahren restaurierte, entdeckte man in einer der Apsiden ein interessantes Grab des XIV. Jh.

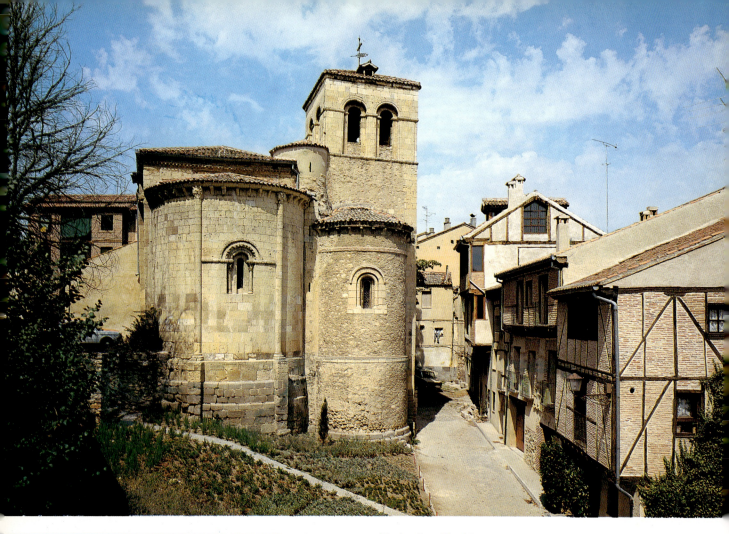

Kirche San Nicolás.

mit der Mumie eines Ritters sowie kuriose Gemälde. Heute beherbergt sie die Theaterschule. Zum Schluss, **San Pedro de los Picos,** von der nur die Apsis und ein Teil des Schiffs fortbestanden. Von ihrem Besitzer wurde sie als Künstlerstudio und Ausstellungssaal hergerichtet. Sie steht in der Promenade San Juan de la Cruz in der Nähe des Santiago-Tors an einer reizvollen Stelle.

Kirche San Juan de los Caballeros, heute Sitz des Zuloaga-Museums.

Kloster El Parral.

KLOSTER EL PARRAL (Alameda del Eresma)
Die Legende berichtet, dass diese herrliche Gründung dem Gelübde von Don Juan Pacheco, dem Marquisen von Villena, zu danken ist, der an dieser Stelle gerettet wurde, als er in einer bedrängten Lage die Mutter Gottes anrief. Die Episode ist auf einer Steinplatte in der Mauer des Hangs festgehalten, der zum Kloster führt. In Wirklichkeit wurde das Kloster von König Heinrich IV gegründet, und dem Marquisen ist nur die wunderschöne Kirche zuzuschreiben, in deren Hauptkapelle er beigesetzt ist. An der Kirche in traditioneller Art des Hieronymiterordens arbeiteten 1477 Juan Guas und sein Bruder Bonifacio, zusammen mit dem Segovianer Pedro Polido. Der 1529 gebaute plattereske Turm ist das Werk von Juan Campero.

Im Inneren ist der vergoldete und polychromierte platereske Aufsatz des Hochaltars eindrucksvoll, dessen Skulpturen 1528 von Juan Rodríguez zusammen mit Blas Hernández und Jerónimo Pellicer geschnitzt wurden. Den Mittelgang beherrscht ein Bild der Mutter Gottes, da der Widmungstitel des Klosters Santa María del Parral ist. Zu beiden Seiten des Altarwerks wurden die Grabstätten der Marquisen Don Juan Pacheco und Doña María de Portocerrero, in betender Haltung und unter einem Bogen, angeordnet. Man glaubt, dass an ihrer Ausarbeitung Juan Rodríguez selbst und Luis Giraldo, Schüler von Vasco de Zarza, beteiligt waren. Diese Komposition der Grabstätten soll Philipp II für die im Presbyterium des Eskorial als Muster gedient haben. Die an den Fensterpfosten verteilten Statuen der zwölf Apo-

Parral-Kloster: Innentür, die zum Hochaltar führt.

stel wurden ab 1494 von Sebastián de Almonacid gearbeitet. Von ihm scheint auch das unvollständige Grab von Doña Beatriz Pacheco su sein, der Tochter des Marquisen von Villena und Gräfin von Medellín, das sich bei der wunderschönen Sakristeitür befindet. Das Schiff und die Kapellen wurden von vielen Adelsfamilien als Pantheon gewählt, und ihre Gräber zeigen uns ein reichhaltiges Repertoire der segovianischen Heraldik.

Die Nebengebäude des ungeheuren Klosters verteilen sich um verschiedene Höfe unterschiedlichen Mauerwerks und Stils. Der Gründer Heinrich IV, ein grosser Beschützer der Mauren, übertrug die Arbeit den in der Handhabung von Backstein so geschickten Maurern der Maurenstadt, die mit diesem Material die feinsten Steinarbeiten nachahmten. Der grosse Kreuzgang in gotischem Mudejarstil erinnert uns auf gewisse Weise an den von Guadalupe. Dieses Kloster des Hieronymiterordens wurde verlassen, als dieser 1835 erlosch. 1927 entstand der Orden von neuem, und das Kloster ist sein Mutterhaus. Seit 1914 steht es unter Denkmalschutz.

Eine Ansicht des Kreuzgangs des Parral-Klosters.

Ein eindrucksvolles Altarwerk schliesst den Hochaltar des Parral-Klosters ab.

Platereskes Portal der Kirche Santa Cruz la Real.

Das Mauerwerk des Gebäudes ist dem Architekten Juan Guas zu danken, dessen Stil das schöne platereske Portal ist. An dem äusseren Kranzsims wiederholt sich in gravierten Buchtstaben das Motto «Tanto monta» der Gründerkönige.

Die grosse Kirche, die dem Plan einer Klosterkirche der damaligen Zeit entspricht, ist wegen der widrigen Ereignisse des XIX. Jh. fast ganz ohne Schmuck auf uns gekommen, weshalb sie aufgegeben wurde. Die Provinzvertretung bestimmte ihre Räume zuerst zum Hospiz und jetzt zum Altenasyl.

In dem Nutzgarten des Klosters ist die Höhle des Heiligen Dominikus mit einem Portal, ebenfalls im Stil von Juan Guas, erhalten. Dieses kleine Heiligtum besteht aus einer Kapelle mit prächtigem sternförmigen Gewölbe und einer mysteriösen Kapelle, die mit barocken Schnitzereien und Kacheln aus Talavera geschmückt ist. An einer Mauer fällt die Holzskulptur des Heiligen Patriarchen auf, ein Werk des XVI. Jh., das man Sebastián de Almonacid zuschreiben könnte.

KLOSTER SAN ANTONIO EL REAL
(Calle de San Antonio el Real)

König Heinrich IV, Herr von Segovia seit seinem 14. Lebensjahr, liess sich, als er noch Prinz war, an der früher als «El Campillo» bekannten Stelle im Süden der Stadt einen Vergnügungspalast bauen, der reich an gotischen und maurischen Schönheiten war. Jahre später überliess er den Palast den strengen Franziskanern, die in ihm ihr Kloster mit dem Titel San Antonio el Real einrichteten. Als 1488 diese Mönche zum Kloster San Francisco, der heutigen Artillerieakademie, umzogen, nahmen es die Nonnen der Heiligen Klara ein, in deren Klausurgemeinde es geblieben ist.

Die Kirche hat ein gotisches Portal von einfacher Machart, während man im Gewölbe der Hauptkapelle ein grossartiges vergoldetes, maurisch angelegtes Deckenwerk bewundern kann, das wegen seiner Qualität und Schönheit beeindruckt. An der Mauer der Epistelseite gibt es ein flämisches Altarwerk mit dem «Kalvarienberg», aus der zweiten Hälfte des XV. Jh., das als das wichtigste Werk flämischer Skulptur berühmt ist, das man in Europa sehen kann.

KLOSTER SANTA CRUZ LA REAL
(Calle del Cardenal Zuñiga)

Es gibt wenige Orte in Spanien, wie dieses am Fuss der Mauer, nicht weit des Viertels San Lorenzo, mitten im Eresma-Tal gelegene Dominikanerkloster Santa Cruz von Segovia, an dem die Atmosphäre von Geistigkeit so dicht ist. Es ist über einer Höhle gebaut, die Santo Domingo de Guzmán für seine Busse aussuchte. 1218 gründete dieser Heilige ein Kloster seines Predigerordens, von dessen romanischer Apsis noch manches halbvergrabene Anzeichen geblieben ist.

Isabella I von Kastilien und Ferdinand V von Aragonien, die diesem Orden sehr ergeben waren, errichteten um 1492 das prächtige derzeitige Kloster, dessen erster Prior der berühmte Fray Tomás de Torquemada war. In der Kapelle, die der Heiligen Höhle vorausgeht, beharrte am 30. September 1574 Theresa von Avila in Extase.

Kloster San Antonio el Real: Fassade und Saal der Könige.

Kloster San Antonio el Real: der flämische, «von Brüssel» genannte «Kalvarienberg», mit grossem Bilderreichtum.

Saal des Klosterrefektoriums von San Antonio el Real.

Ein Teil der Gebäude seiner Klausur kann heute vom Publikum besucht werden. Vorbei an der Sakristei, die ein kurioses Täfelwerk zeigt, gelangt man zu einer Galerie, die ein Kreuzgang im Mudejarstil, ähnlich dem von El Parral, umgibt. In dieser Galerie können ein weiteres prächtiges Täfelwerk, verschiedene Bilder und Gemälde sowie ein getünchtes gotisches Tor bewundert werden. An verschiedenen Stellen der Galerie befinden sich, eingelegt in maurische Gipsarbeiten, drei flämische Triptychen der Schule von Utrecht aus der zweiten Hälfte des XV. Jh. Der Mittelteil derselben ist Bildhauerarbeit, während die Seitenteile gemalte Tafeln sind. Zu besuchen sind auch das Refektorium mit einer bemerkenswerten Kanzel aus der Zeit Heinrichs IV., der Kapitelsaal mit gutem, maurisch angelegten Deckenwerk und der ehemalige Saal des Königspaars mit Täfelwerk und Teppichen von Cuenca, bewundernswert.

KLOSTER SANTA ISABEL
(Calle de Santa Isabel)

Nicht weit von San Antonio el Real erhebt sich das Kloster Santa Isabel, das von Franziskanernonnen bewohnt wird. Seine Gründung ist dem Domherrn Don Juan de Hierro, um 1560, zu danken. In seiner gotischen Kapelle verdient das grosse, dem Gittermacher Cristóbal Andino aus Burgos zugeschriebene platereske Gitter unsere Aufmerksamkeit, das aus der alten Kathedrale stammt. Bewundernswert sind auch verschiedene Holzskulpturen, wie die Mutter Gottes der Milch, des XVI. Jh.

Kloster der Barfüssigen Karmeliterinnen.

KLOSTER DER BARFÜSSIGEN KARMELITER
(Alameda de la Fuencisla)

An derselben Stelle, an der San Juan de la Mata im Jahr 1260 ein Trinitarierkloster gründete, mitten im Eresma-Tal, erhebt sich das Kloster der barfüssigen Karmeliter, das San Juan de la Cruz 1586 dank der Grosszügigkeit von Doña Ana de Peñalosa gründete.

San Juan de la Cruz blieb als Prior des Klosters von 1588 bis Anfang 1591 in Segovia. Zwei Jahre nach seinem Tod, 1593, wurde seine Leiche von Ubeda nach Segovia überführt, um sie in dem Kloster beizusetzen, das er selbst gründete. Seine sterblichen Reste ruhen in einer prunkvollen, 1926 gearbeiteten Grabstatt, bestehend aus einer hohen Truhe, die das Mausoleum krönt, umgeben von Statuen der Karmeliterheiligen.

Im Nutzgarten des Klosters, der an der «Peñas Grajeras» genannten Stelle aufsteigt, ist eine kleine, Santa Teresa genannte Kapelle erhalten, mit einer Zypresse, die sie eigenhändig pflanzte. In dem kleinen Museum mit Karmeliterandenken, in der Kirche, kann man sehen: Schriften, Reliquien und das Tafelgemälde «Christus mit dem Kreuz», das der Tradition zufolge zu dem Heiligen sprach.

Die über der primitiven, Anfang des XVII. Jh. gebaute Kirche besteht aus Kreuzschiff, Kuppel und dem Bild der Mutter Gottes del Carmen auf einem modernen Altar.

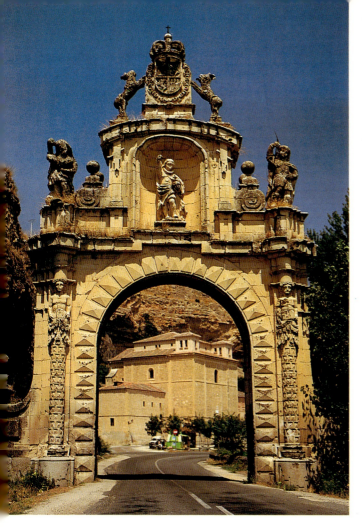 

Aussen- und Innenansicht des Fuencisla-Bogens.

LA FUENCISLA (Alameda de la Fuencisla)

Unter der wuchtigen Masse der «Peñas Grajeras» erhebt sich das Heiligtum der Mutter Gottes de la Fuencisla, der Schutzherrin Segovias und seines Gebietes. Das primitive Heiligtum des XIII. Jh. stand an derselben Stelle, wo das Wunder von María del Salto (des Sprungs) geschah, und das Bild der Mutter Gottes wurde von der Nordtür der alten Kathedrale zum Heiligtum verlegt, das man zu Ehren des Wunders baute. Wie die Legende berichtet, wurde die junge Jüdin Esther, die ungerechterweise vom Felsen gestürzt werden sollte, auf die Fürbitte der Mutter Gottes gerettet, als sie ausrief «Mutter Gottes der Christen, hilf mir». Esther bekehrte

Heiligtum der Mutter Gottes von Fuencisla.

sich zum Christentum und tauschte ihren Namen für den von Maria, volkstümlich bekannt als María del Salto. Das heutige Heiligtum wurde zwischen 1598 und 1613 nach Entwürfen von Francisco de Mora gebaut, als Pedro de Brizuela Baumeister war. Sein Grundriss hat die Form eines lateinischen Kreuzes, und es besitzt ein prächtiges Altarwerk von Pedro de la Torre mit Gemälden von Francisco Camilo. Interessant ist das Gitter des Presbyteriums, das 1764 auf Kosten des Gremiums von «cardar y apartar lana» (Wolle rauhen und sortieren) geschenkt wurde.

Die Kanzel ist allerfeinste gotische Schmiedearbeit, und nach den Granatäpfeln zu urteilen, die sie verzieren, könnte sie aus einer der Gründungen Heinrichs IV. stammen, obwohl sie 1613 geschenkt worden ist.

Der Schatz der Mutter Gottes ist reich an Umhängen und Schmuckstücken, die im Lauf der Jahrhunderte von den Segovianern geschenkt wurden, besonders die Krone, die durch volkstümliche Subskription bestritten wurde, mit der 1916 die Mutter Gottes kanonisch gekrönt wurde.

Der Fuencisla-Bogen, der den Park schliesst, ist ein Barockwerk des XVII. Jh., wo auf anmutigen Reliefs das Wunder der abgestürzten Jüdin berichtet wird.

Fuencisla-Heiligtum: Sakristei.

Fuencisla-Heiligtum: Presbyterium.

Bild Unserer Lieben Frau von Fuencisla, der Schutzherrin Segovias.

SAN MIGUEL
(Calle de la Infanta Isabel 1)

In der Mitte des Hauptplatzes stand die alte romanische Kirche San Miguel, in deren Vorhof auf Entscheidung des segovianischen Rats am 13. Dezember 1474 Isabella die Katholische zur Königin Kastiliens gekrönt wurde. Die alte Kirche stürzte 1532 ein, und um 1540 errichtete man die heutige, wobei man sie mehr nach Süden verlegte, um dem Platz mehr Weite zu geben.

Bei der Architektur der neuen Kirche folgt man demselben Stil wie bei der Kathedrale, mit der Beteiligung von Rodrigo Gil de Hontañón. Sie besteht aus einem grossen gotischen Schiff, und ihr 1672 von José de Ferreras gearbeiteter Aufsatz des Hochaltars ist grossartig. Unter den Kapellen der Kirche fallen die des Regidors Diego de Rueda mit guten Grabstätten und diejenige auf, die das Grab des berühmten segovianischen Arztes Andrés Laguna enthält, der 1560 starb.

An Prunkgegenständen beherbergt diese Kirche einen gotischen Kelch mit emailliertem Wappen und ein wertvolles Prozessionskreuz des XVI. Jh., das Werk des segovianischen Silberschmieds Diego Muñoz.

An der Fassade der Kirche erscheinen drei romanische Reliefs, die zur alten Kirche gehörten; dasjenige, das den Erzengel Michael darstellt, ist eines der schönsten Exemplare der romanischen Skulptur in Segovia.

Kirche San Miguel: der Hochaltar.

Kirche San Miguel: Detail des Portals.

Luftansicht des Alkazars von Segovia.

PALÄSTE UND BEFESTIGTE HÄUSER

DER ALKAZAR

Der Alkazar wird mit diesem Namen bereits in den Dokumenten des XII. Jh. erwähnt. Damals muss er ein einfacher Turm mit einer Mauer gewesen sein, die ein Graben verteidigte. Seine aussergewöhnlichen Bedingungen für die Verteidigung sowie der Aufschwung der Stadt und die Vorliebe des Hauses Trastámara für Segovia gaben ihm seinen Charakter als Königssitz und machten aus ihm einen orientalischen Palast.

Von Alfons X dem Weisen ist die schöne Legende des Blitzes erhalten, den Gott auf das königliche Gemach leitete, um die Überheblichkeit des Königs zu strafen, der sich für intelligenter hielt als sein Erlöser. Aus dieser Zeit sind auch die Reste in altgotischem Stil bei den Fenstern und romanischen Kapitellen, die aufgrund des Brandes von 1862 entdeckt wurden und heute die ältesten der im Alkazar sichtbaren sind.

Mit dem Haus Trastámara verwandelte sich der Alkazar dank der Mitarbeit von maurischen Gipsarbeitern, Malern und Schreinern zu einem Palast im Stil von «tausend und einer Nacht». Catalina von Lancaster ordnete die Ausarbeitung des Galeerensaals an, der so heisst wegen seines vergoldeteten Deckenwerks, das den Rumpf dieses Schiffes nachahmt. Johann II errichtete

Der Hof der Uhr. *Der Waffenhof.*

den prächtigen, mit hohen Zimmern versehenen Turm seines Namens und machte aus der Festung ein Kulturzentrum. Heinrich IV, der Segovia so liebte, schmückte 1452, als er noch Prinz war, den Saal der Pinienzapfen aus und kurz danach den Thron-, den Königs- und den Cordón-Saal. Aber die Zeit dieses Königs war turbulent und chaotisch. Isabella I von Kastilien machte mit diesem Stand der Dinge Schluss, und am 13. Dezember 1474 zog aus dem Alkazar der Hofstaat aus, der Prinzessin Isabella zum Hauptplatz geleitete, wo sie zur Königin von Kastilien gekrönt wurde.

Karl I fühlte sich von der Festung nicht angezogen; Philipp II hingegen erneuerte und restaurierte sie gründlich. 1570 feierte er im Alkazar seine vierte Hochzeit, mit Anna von Österreich. Im Jahr 1590 überzog eine Schar flämischer Schieferdecker den Hauptbestandteil des Gebäudes und seine zylindrischen Türmchen mit steil abfallenden Schieferdächern, Brandmauern und spitzen Turmhelmen. Das Ergebnis dieser Bauarbeiten ist der exotische und malerische Aspekt, den uns die Festung bietet. Er ersetzte auch den gotischen Innenhof durch den heutigen herrerianischen, das Werk von Diego de Matienzo nach Entwürfen von Francisco de Mora. Obwohl er die Dächer im Mudejarstil restaurierte, nahm der Alkazar ein graueres und nüchterneres Aussehen an. Karl III beschloss, in der Festung eine Artillerieschule einzurichten. Am 16. Mai 1764 wurde die Einweihungsvorlesung gehalten. Jahrelang sollte sie dank der Anwesenheit der jungen Kadetten die Fröhlichkeit anderer Zeiten wiedererlangen. Aber am 6. März 1862 ver-

Der Alkazar am Fluss Eresma. ▷

Der Turm Juan II. *Glasfenster des Alkazar.* ▷

schlang ein schreckliches Feuer, unterstützt durch einen orkanartigen Wind, praktisch das ganze Gebäude. Jedoch war der Stadt Segovia, noch bevor die Flammen gelöscht waren, klar geworden, dass der Wiederaufbau nötig war. Die Umstände, die das Land durchmachte, verzögerten das Projekt, und 1940 nahmen die Herren Bermejo und Odriozola die Wiederherstellung in Angriff, die technisch bewundernswert war, aber wie alle ihrer Zeit etwas übertrieben. Die von José María Avrial, Direktor der Schule für Schöne Künste, im Jahr 1840 angefertigten Zeichnungen waren sehr wertvoll, um die Wiederherstellung der Dächer nach dem Brand in Angriff zu nehmen.

Heute ist der Besuch des zum Militärischen Generalarchiv verwandelten Alkazars höchst interessant und verlockend, da er den Flug der Vorstellungskraft in die geschichtliche Vergangenheit erlaubt.

Der Thronsaal war der erste, der restauriert wurde. Auf drei seiner Seiten wurde das schöne moriskische Originalfries vervollständigt, ausgedacht von dem Mauren Xadel Alcaide, und man brachte ein Deckenwerk des XV. Jh. an, das von Urones de Castroponce (Valladolid) stammte. Dann wurde der Galeerensaal restauriert, wodurch vier grosse Fenster freigelegt wurden, die anzeigen, was damals die Grenze des Alkazars in diesem Abschnitt war. Die Gipsarbeiten der grösseren Seiten sind echt; die Beschläge gehören dem Museum Lázaro Galdiano von Madrid und wurden zur Aufbewahrung überlassen. Eine der kleineren Seiten ist mit einem

Das Schlafzimmer des Königs.

Wandbild ausgeschmückt, das die Krönung Isabellas I. von Kastilien darstellt. Es ist das Werk von Carlos Muñoz de Pablos, der, als kuriose Note, auf diesem Paneel segovianische Persönlichkeiten porträtiert hat, wie den verstorbenen Marquisen von Lozoya und andere, die wir noch auf der Strasse treffen können.

Auf der entgegengesetzten Seite des Galeerensaals befindet sich der Saal der Pinienzapfen, so genannt wegen der Verzierung seines rekonstruierten Täfelwerks. Er hat den Originalfries aus moriskischen Gipsarbeiten behalten. Im Schlafzimmer des Königs wurden zwei morikische Türen angebracht, Repliken derjenigen des ehemaligen Palastes von Heinrich IV. In dem von dem Archiv eingenommenen Königssaal läuft ein rekonstruierter Fries durch den Raum nach Art von Gestühl mit den sitzenden Figuren der Könige und Königinnen Kastiliens. Ein Kreuz auf dem Boden des Balkons zeigt die Stelle an, von wo das Kind Don Pedro, der uneheliche Sohn Heinrichs II., in den Abgrund fiel.

Bei dieser Tour muss man zum Haupthof zurückkehren, zum völlig restaurierten Hof «der Uhr» gelangen, um in die Kapelle hineinzugehen, die mit einem Altarwerk aus der Zeit Isabellas I. von Kastilien und Ferdinands V. von Aragonien und mit schönen Glasfenstern ausgestattet ist, die Carlos Muñoz de Pablos nach Vignetten des «Palastkodex» entworfen hat. Das Patronat des Alkazar hat die Räume mit Möbeln und authentischen Sachen der damaligen Zeit verschönert und auch ein Museum für alte Artillerie eingerichtet.

Wenn wir uns entschliessen, die 156 steilen Stufen zum Turm hinaufzusteigen, können wir eine herrliche Sicht auf Stadt und Land Segovias geniessen.

Der Galera-, der Cordón- und der Königssaal. ▷

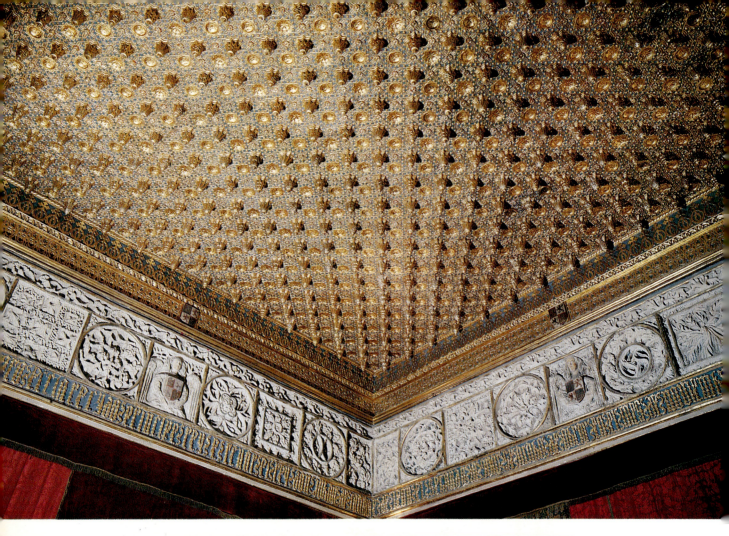

Eine Ansicht des Saals der Piñas (Tannenzapfen), das Kassettenwerk des Thronsaals und Altarwerk der Kapelle.

Santiago-Altarwerk in der Alkazarkapelle.

Portal des Bischofspalastes.

BISCHOFSPALAST (Plaza de San Esteban)
Er ist ein ungeheures Gebäude aus Granit in platereskem Stil mit bossierten Mauern und klassischer Fassade, gebaut Mitte des XVI. Jh. als Residenz der adligen Familie Salcedo. Heute ist es Sitz des segovianischen Bistums, nachdem es im XVIII. Jh. von Bischof Murillo wiederhergestellt und erweitert wurde. Es besitzt einen weiten Hof der ursprünglichen Zeit sowie grosse, gut ausgestattete und möblierte Räume. Sein Eingangsportal gliedert sich mit einem grossen Rundbogen mit Skulpturen an den Spandrillen und schliesst im Tympanon mit dem Wappen des Gründergeschlechtes ab.

HAUS DER KETTEN (Plaza del conde de Cheste)
Wenn man über die Strasse San Juan nach Segovia hinaufgeht, kommt man zu einem Platz mit Garten, den verschiedene vornehme Häuser bilden. Das erste links gehörte den Marquisen von Moya, grossen Freunden Isabellas I. von Kastilien. Man nennt es auch «Haus von Segovia» oder «Casa de las Cadenas» wegen der Ketten, die im Wappenschild von Don Andrés Cabrera und Doña Beatriz de Bobadilla, Marquisen von Moya, erscheinen. Dieses grosse Haus besitzt einen stattlichen Turm mit Zinnen und *arpilleras* sowie ein grosses Türgerüst aus Granit mit ungeheuren Wölbsteinen, die für die zivile Architektur des XV. Jh. charakteristisch sind. Auf seine starken Mauern stützte sich das San Juan genannte Tor der Stadtmauer, das 1886 zerstört wurde. Es hatte einen eigenen ummauerten Bereich, von dem einige Bestandteile geblieben sind. Von den derzeitigen Besitzern ist es kürzlich wiederhergestellt worden.

Haus der Marquisen von Moya, auch als Haus der Ketten (Cadenas) bekannt.

Portal des Palastes des Marquisen von Lozoya, Detail der Fassade des Palastes des Grafen Alpuente sowie Portal des Palastes der Marquisen von Quintanar.

HAUS DER LOZOYA (Plaza del conde de Cheste)

Gegenüber dem Haus der Ketten steht das des Marquisen von Lozoya, das in vergangenen Jahrhunderten dem Geschlecht der Cáceres gehörte. Es besitzt ein schönes romanisches Tor des XIII. Jh., und nach der Vorhalle des Eingangs sieht man einen schönen gotischen Hof. Dieser Palast, mit weiten Gartenanlagen über der Stadtmauer, bewahrt wertvolle Kunstwerke und prunkvolle Räume. In der Mauer, die zur Strasse San Juan schaut, kann man in einer klassischen Bogennische das Bild der Mutter Gottes der immerwährenden Hilfe betrachten, eine Schnitzarbeit des XIII. Jh., die sich in dem abgerissenen Tor der Stadtmauer befand.

HAUS VON DIEGO DE RUEDA (Calle de Escuderos)

Dieses Haus mit charakteristischem Turm wurde von dem Regidor Diego de Rueda gebaut, obwohl die Legende hartnäckig darauf besteht, dass es Don Alvaro de Luna gehörte, weil in einem der Viertel des Wappenschildes der Mond erscheint. Trotz des schlechten Zustands des Palastes verdient der gotische Hof des XV. Jh., mit seinen Galerien aus Holz und trefflich ausgearbeiteten Fenstern, besondere Erwähnung.

PALAST DER MARQUISEN VON QUINTANAR
(Plaza del conde de Cheste)

Das Haus, XV. Jh., das den Heredia und später den Marquisen von Quintanar gehörte, weist ein höchst originelles, von Helmen eingefasstes Tor auf, mit Wappen, das zwei wild aussehende Männer stützen. Im Inneren bewahrt es einen gotischen Hof, eine grossartige Treppe und gemalte Decken. Heute beherbergen seine stark umgebauten Räume die Studenten des Musikkonservatoriums.

Turm des Hauses der Lozoya.

TURM DE LOZOYA (Plaza de San Martín)
Das Charakteristischste des Hauses Lozoya ist sein gotischer, mit Sgraffiti bedeckter Turm des XIV. Jh.
Es wurde von der Familie Cuéllar errichtet und ging danach an die Aguilar-Familie, deren Wappen in dem Schlusstein des Torbogens auftaucht. Im XVII. Jh. erbten es die Marquisen von Lozoya, die es restaurierten und verschönerten. In seinem Inneren bewahrt es einen trefflichen platersken Hof, einen schönen Renaissancegarten und in den verschiedenen Räumen Kaminverzierungen sowie Kachelfriese. Zu den historischen Erinnerungen dieses Hauses gehört, dass es Lord Wellington während seines Aufenthaltes in der Stadt als Wohnsitz diente. Viele der Kunstwerke, die seine Säle schmückten, kann man jetzt im Provinzmuseum und in der Kathedrale sehen, wie das berühmte «Kruzifix» von Pereira. Heute dient der Lozoya-Turm als Saal für die von der Sparkasse Segovias patrozinierten Ausstellungen. Vor kurzem erwarb ihn dieser Organismus, dessen Kulturarbeit er als Emblem dient.

HAUS DER SPITZEN (Calle de Juan Bravo 33)
Das berühmte Haus der Spitzen bietet der Bewunderung des Vorübergehenden seine originelle Fassade, wo jeder Quaderstein in einer Diamantspitze endet, daher sein Name. Es ist eine Arbeit des XV. Jh., gebaut von Don Pedro López de Ayala, Graf von Fuensalida. Ende desselben Jahrhunderts wurde es von den Freiherren des Geschlechtes de la Hoz erworben, deren Wappen im zentralen Wölbstein des grossen Eingangsbogen zu sehen ist. Der Überlieferung zufolge wurde die ursprüngliche Fassade auf Befehl der Freiherren de la Hoz mit diesen Diamantspitzen bedeckt, um ihm den Namen «Haus des Juden» zu nehmen, mit dem es bekannt war. Diese Art Verzierung ist an italienischen Palästen häufig, und der Architekt, der dieses Unternehmen ausführte, scheint sich innerhalb des Kreises von Juan Guas zu befinden. Das Innere besteht aus einem bemerkenswerten verglasten Hof mit Sockel aus Keramik von Talavera. Wo die Fassade endet, befand sich das prächtige, San Martín genannte Tor der Stadtmauer, das 1883 auf städtischen Beschluss abgerissen wurde. Dieses Gebäude ist heute Sitz der Schule für Angewandte Künste und Kunstgewerbe.

Die originelle Fassade des Hauses der Spitzen.

Herkules-Turm.

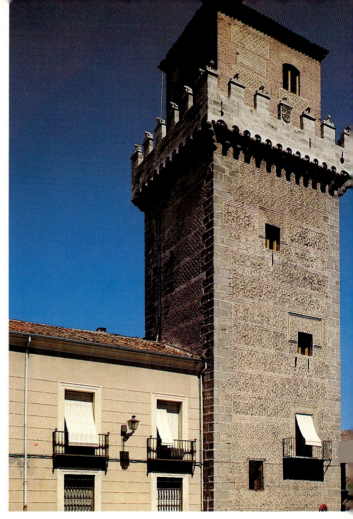

Turm Arias Dávila.

HERKULES-TURM (Plaza de la Trinidad)
Innerhalb der Mauern des Nonnenklosters Santo Domingo el Real erhebt sich der mittelalterliche Turm, um 1200, in dessen Innerem eines der besten moriskischen Gemälde Spaniens erhalten ist. Es stellt Feste, Turniere und ritterliche Kämpfe dar.
Am Anfang der Treppe gibt es eine Granitskulptur römischer Abstammung, die Herkules auf dem Kopf eines Wildschweins darstellt; das würde den Namen des Turms erklären. Die Aussenmauern dieses grossen Klosterhauses bieten Merkmale, die uns zur römischen Besetzung Segovias führen.
Die Kirche des Klosters wurde um 1600 gebaut. In der Hauptkapelle ist ein gutes platereskes Altarwerk aus der Werkstatt von Becerra erhalten.

TURM ARIAS DAVILA (Plaza de los Huertos)
Der Palast der Familie Arias Dávila wurde im XV. Jh. gebaut. Nur sein schlanker, von Zinnen und Schiessscharten gekrönter Festungsturm und mit herrlichem Sgraffito verzierte Mauern sind geblieben. Über der zentralen Zinne der Westseite wurde ein Wappen ausgearbeitet, bestehend aus Adler, Burg und Kreuz, das Wappenbild des Geschlechtes, das aus der Grafschaft von Puñonrostro kam. Der Palast wurde kürzlich wiederhergestellt, um das Finanzamt zu beherbergen.

PALAST DES MARQUISEN DEL ARCO
(Calle del marqués del Arco)

Gegenüber der Kathedrale fällt ein Palast auf, der in der zweiten Hälfte des XVI. Jh. im Renaissancestil gebaut wurde. Seine sehr strenge Fassade aus Granitstein ist mit Gittern und Balkonen in klassischer Schmiedearbeit verziert. Nach der vornehmen Vorhalle gibt es einen wunderschönen Renaissancehof mit verglasten Galerien, verziert mit Büsten römischer Kaiser und ausgezeichnetem Sgraffito in einer seiner Mauern. Der Palast, der dem 1572 verstorbenen Kardinal Espinosa gehörte, bewahrt herrliche Räume und wertvolle Kunstwerke.

Die Portale des Palastes des Marquisen del Arco (oberes Bild), des Hauses des Dekans und des Palastes der Grafen von Cheste.

Rathaus-
fassade.

Haus der Marquisen von Castellanos.

ÖFFENTLICHE GEBÄUDE

RATHAUS (Plaza Mayor)
Es ist das Meisterwerk von Pedro de Brizuela, dessen Entwürfe er 1609 ablieferte. Sein Stil entspricht Renaissancemodellen. 1611 zeichnete er neue Projekte mit Kolonnaden im Erdgeschoss, die dann ausgeführt wurden. Das Gebäude besteht aus drei Stockwerken; die Fassade aus Granit ist sehr einfach und kontrastierte mit denen aus Backstein der benachbarten Häuser der damaligen Zeit. Zwei Türme aus verputztem Backstein verzieren es, an denen man die Waffen der Stadt anzubringen gedachte, was aber nicht ausgeführt wurde. Im Inneren des Gebäudes fallen der sogenannte «weisse Saal» mit Ausstattung in isabellinischem Stil, ein wertvolles Triptychon von Benson, ein Alabasterrelief und von Madrazo signierte Gemälde auf.

BIBLIOTHEK UND HISTORISCHES ARCHIV
(Calle de Juan Bravo)
Sie nimmt das Grundstück des ehemaligen Königlichen Gefängnisses ein, wo der berühmte Dichter und Dramaturg Lope de Vega 1577 gefangen sass. Das heutige Mauerwerk ist aus dem Anfang des XVII. Jh., an dem Pedro de Brizuela mitarbeitete. Das Baumaterial sind Granit- und Bruchstein, seine Ecken schliessen mit anmutigen Türmchen ab, die wie die Eingangstür mit Wappen verziert sind. Die Fenster werden mit starken

Portikus der Kirche San Quirce.

STADTARCHIV (Bajada de la Alhóndiga)
Das Gebäude des XVI. Jh. war städtischer Kornspeicher bis die neuen Verfügungen bestimmten, dass Darlehen und Rückzahlungen an die Bauern in Geld gemacht wurden. Eine charakteristische Institution einer Stadt, deren Wirtschaft hauptsächlich auf Ackerbau beruhte. Das Haus hat ein grossartiges Renaissancetor: Rundbogen mit grossen Wölbsteinen aus Granit, eingerahmt durch mit Kugeln verziertem *alfiz* und mit den Stadtwappen an den Spandrillen. Am oberen Teil eine Dachtraufe aus Holz mit typischen segovianischen Sgraffiti. Heute beherbergt es das Stadtarchiv mit wertvollen Dokumenten zum Studium der Stadtgeschichte.

AKADEMIE FÜR GESCHICHTE UND KUNST SAN QUIRZE (Plaza de San Quirze)
In dieser romanischen Kirche mit doppelter Apsis und romanischen Portalen wurde der Chronist Heinrichs IV., Diego Enríquez del Castillo, beigesetzt, dessen plateresques Haus sich in kurzer Entfernung in der Calle de la Trinidad befindet. Während des XIX. Jh. wurde sie verlassen, und 1927 erwarb sie die Segovianische Volksuniversität, um in ihrem Bereich Vortragssäle und eine öffentliche Bibliothek einzurichten. 1949 wurden ihr Hauptportal und der Turm wiederhergestellt. Heute beherbergt sie die Akademie für Geschichte und Kunst San Quirze, die dem Obersten Forschungsrat beim Ministerium für Erziehungswesen und Wissenschaft untersteht.

ARTILLERIEAKADEMIE (Calle de San Francisco)
An dieser Stelle befand sich das Kloster San Francisco, das durch die Umbauten und Verbesserungen verschwand, die man durchführte, um die Artillerie-Akademie unterzubringen. Das alte Kloster hatte eine ausgedehnte gotische Kirche mit Gräbern der Familie Cáceres und einem schönen Kreuzgang, der noch erhalten ist. Die Niederlassung von Franziskanermönchen fand um 1250 statt. Das Kloster hatte jahrhundertelang grosse Bedeutung, wie seine Ausdehnung und die Kunstwerke beweisen, die es besass. Die Franziskaner

Gittern geschlossen, die jede Nacht geprüft wurden, um sich zu vergewissern, dass man sie nicht durchgeschnitten hatte. Während des XVIII. Jh. erlebte es verschiedene Änderungen und wurde weiter als Gefängnis benutzt bis 1933, als es zum Süden der Stadt verlagert wurde. Nach den Anpassungsarbeiten von 1946 beherbergt das Gebäude die verschiedenen Räume der Bibliothek und des Historischen Archivs. Im Erdgeschoss sind zwei der Säle zu Ausstellungsräumen hergerichtet worden. Einer davon wurde mit dem schönen romanischen Portal der verschwundenen Kapelle San Medel ausgeschmückt, die in der Nähe Segovias gestanden hatte.

Der Kreuzgang der Artillerieakademie.

verliessen das Gebäude 1835 nach der Säkularisierung. Ab 1862 wurde es von der Artillerieschule eingenommen, nachdem der Alkazar gebrannt hatte, wo sie eingerichtet war. Der Haupteingang der Akademie ist dort, wo zuvor die Kirche war, und durch sie kann man den grossartigen Kreuzgang sehen.

PROVINZIALLANDTAG (Calle de San Agustín)
Das Gebäude, das heute den Provinziallandtag beherbergt, war der Palast des Geschlechtes Uceda-Peralta, des XV. Jh. Er ist eine solide Konstruktion mit guter Granitfassade und ausgezeichnetem verglasten Hof. Er besitzt wertvolle Kunstwerke und eine hervorragende Bibliothek mit höchst wichtigen dokumentarischen Beständen für die Geschichte der Stadt und Provinz.

Fassade des Gebäudes der Provinzabordnung.

Der Hauptplatz mit der Kathedrale im Vordergrund und rechts das Rathaus (Seiten 72/73).

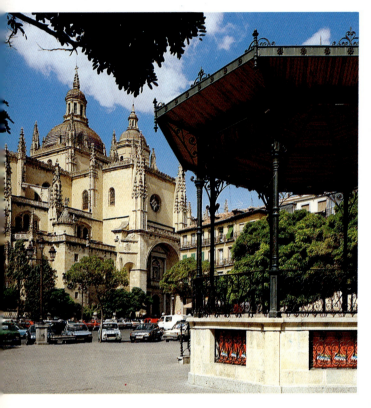

Detail des Hauptplatzes.

PLÄTZE

PLAZA MAYOR

Während des ganzen Mittelalters stand auf der heutigen Plaza Mayor die Kirche San Miguel. Sie war umgeben von einigen Plätzen und Plätzchen, wo der Markt abgehalten wurde. An einem davon war der Stadtrat ansässig. Mitte des XV. Jahrhunderts sprach man von einer **plaça mayor,** einem grösseren Platz, der seinen Namen nicht so sehr wegen seiner Grösse als wegen seines Vorrangs über die anderen erhielt.

1532 stürzte die Kirche San Miguel ein. Damals dachte man daran, die Fläche zu räumen und einen grossen Platz zu machen; jedoch fand die systematische Planung des ganzen Gebiets erst zehn Jahre später statt.

Der heutige Hauptplatz war das einzige städtebauliche Unternehmen grossen Ausmasses, das während des XVII. Jh. von der Stadtverwaltung in Angriff genommen wurde, und seine Entstehung ist mit dem Bau des Rathauses eng verbunden.

1611 gab Brizuela neue Baupläne, die im Erdgeschoss eine Kolonnade einschlossen; diese Idee setzte sich in den 1629 von Bartolomé García unternommenen Plänen fort, in denen genau bestimmt wird, dass die Gebäude um den Platz mit Kolonnaden, Backsteinwänden und Eisenbalkonen versehen würden.

Auf dem unvollendeten Platz wurden Stierkämpfe abgehalten und was sich nur an Schauspielen anlässlich von Festlichkeiten, Einzügen von Königen oder anderen Vorwänden bot. Er war auch der feste Platz des Donnerstagmarkts. Als sehr besuchte Stelle wurde ein Brunnen gebaut, der sogenannte Caño Seco, heute in Sancti Spiritus. Der Hauptplatz blieb bis zum XX. Jh. unbeendet. 1884 waren die Kolonnaden gerade fertig, aber der Bau, an dem Odriozola mitarbeitete, kam erst 1917 zu seinem Ende. Auf dem Grundstück des ehemaligen Mesón Grande baute man 1918 das Theater Juan Bravo. 1915 plante Cabello das Haus Larios, kurioserweise ohne Kolonnaden. Er behielt jedoch die platereskem Bogenwerke des Erdgeschosses des alten Hauses bei, ein Motiv, das er an der ganzen Fassade wiederholte. Erst zu einem so kürzlichen Datum wie 1928 entwarf Pagola die Kolonnaden des Bürgersteigs von San Miguel, womit er einen vor dreihundert Jahren begonnenen Prozess abschloss. So ist es nicht verwunderlich, dass der Hauptplatz nicht einheitlich aussieht und sein Grundriss wegen der Kathedrale augenscheinlich unregelmässig ist.

Der Hauptplatz ist weiterhin Treffpunkt der Bewohner, die in den Kolonnaden Schutz vor ungünstiger Witterung finden und sich auf den Terrassen seiner Bars verabreden und Gesprächsrunden halten.

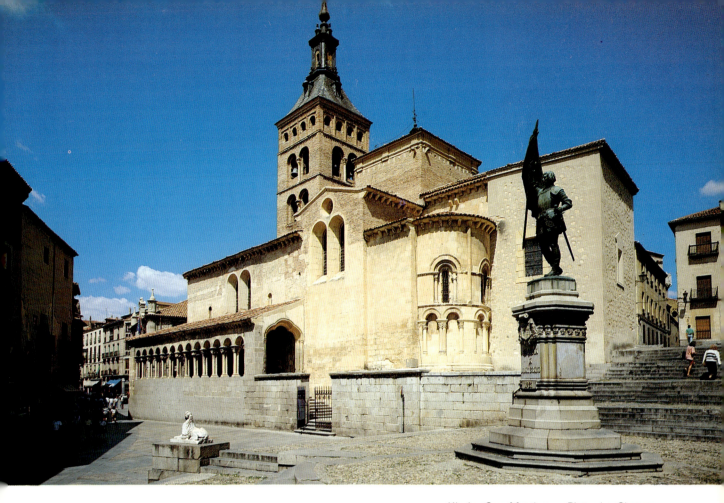

Kirche San Martin am Platz der Sirenen.

PLAZA DE SAN MARTIN

In Wirklichkeit sind es zwei Plätze, Medina del Campo und San Martín. Volkstümlich ist er als **Platz der Sirenen** bekannt wegen der zwei dekorativen Figuren, die eigentlich zwei klassizistische Sphinxe sind und sich bei dem Denkmal für Juan Bravo befinden. Um 1840 wurden sie an diese Stelle gesetzt, als der Platz erschlossen wurde. Trotz allem hat das Volk recht, den Platz so zu nennen, denn von den Kapitellen der romanischen Vorhalle von San Martín schauen mit ihren verzückten Augen wirkliche Sirenen auf den Platz. Frauen mit Vogel- und nicht mit Fischkörpern, so waren sie, die mit ihrem Gesang die Gefährten von Ulysses betörten.

Der Platz gliedert sich in zwei verschiedene Ebenen oder Höhen, die durch eine breite, prachtvolle Steintreppe aus verschiedenen Baukörpern überbrückt werden. Im oberen Teil steht der Trog des Brunnens, der zu Anfang die Stelle der Statue Juan Bravos einnahm, eine von Aniceto Marinas im Jahr 1921 ausgeführte Arbeit. Alle Häuser, die diesen Platz schliessen, sind wegen eines künstlerischen Details oder wegen einer historischen Erinnerung hervorhebenswert. Das erste, das mit der calle Real eine Ecke bildet, diente Jerónimo de Alcalá Yáñez als Wohnung, dem Schriftsteller des XVII. Jh., der uns in seinem Sittenroman **El Donado Hablador** ein getreues Abbild des Lebens der segovianischen Arbeiter hinterliess. Wenn man über die Treppe hinaufgeht, findet man den Lozoya-Turm, das Haus der Galaches mit seinem Fenster an der Ecke und das der Solier. Im unteren Teil bei der Häuserreihe der calle Real befindet sich das gotische Haus der Tordesillas, das heute «Das Haus des XV. Jh.» genannt wird. Die Liberalen des XIX. Jahrhunderts bestanden darauf, es als Grundstück des Hauses des Kommunarden Juan Bravo zu bezeichnen, dessen Wohnhaus aber das der linken Seite war.

PLAZA DEL ALCAZAR

Der Platz heisst eigentlich Plaza de la Reina Victoria Eugenia, aber er wird immer als Platz des Alkazar bekannt sein, dessen Mauern und Türme sich im westlichsten Teil der Stadt erheben. An dieser schönen 115 m langen und 52 m breiten Esplanade stand die alte Kathedrale, an deren Zerstörung die dort verschanzten Kommunarden so schuld waren wie die Verteidiger des Alkazar. In der Mitte der den Platz schmückenden Gartenanlagen steht das majestätische Denkmal für Daoíz y Velarde, das Aniceto Marinas 1910 ausführte. Das Denkmal, dessen Gesamthöhe 12,60 m beträgt, war von einem kunstvollen Gitter eingeschlossen, und die Güsse dieser feinen Bronzearbeit wurden in der nationalen Fabrik von Trubia hergestellt. Der Platz schliesst mit einem Eisengitter, das 1817 aus Anlass des Besuches ausgeführt wurde, den Ferdinand VII der Stadt machte.

Denkal für Daoiz und Velarde auf dem Alkazar-Platz.

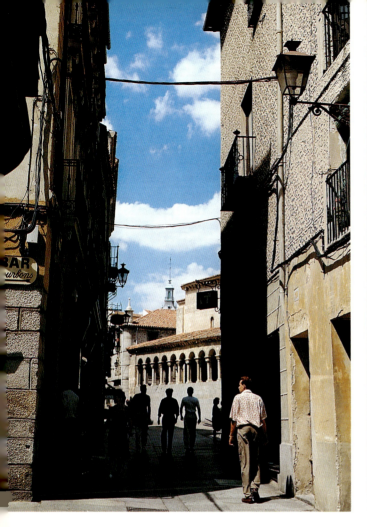

Calle Real.

Calle de los Desamparados.

ALLEEN UND GARTENANLAGEN

CALLE REAL

Sie ist die berühmteste Strasse Segovias, und volkstümlich wird so der ganze Weg zwischen dem Azoguejo und dem Hauptplatz genannt. Der Name ist auf die Sitte zurückzuführen, der zentralsten und verkehrsreichsten Strasse der Stadt diesen Titel zu geben, der städtischen Strasse schlechthin, wo sich Geschäfte, Galerien und Läden befinden.

Ihr Verlauf ist etwas gewunden und aufsteigend, da sie einem mittelalterlichen Entwurf entspricht. Sie ist etwas eng, aber für die Bewohner der Stadt und ihre Besucher eine zwangsläufige Promenade für Festlichkeiten und Zeremonien.

Die Strasse teilt sich in drei Abschnitte, von denen jeder einen eigenen Namen hat. Vom Azoguejo bis zum Aussichtserker Canaleja beim Haus der Spitzen heisst sie calle de Cervantes. Als man den dreihundertsten Jahrestag der Veröffentlichung des ersten Teils des «Quijote» feierte, wurde beschlossen, dass jeder Ort einer seiner Strassen den Namen des ruhmreichen Einarmigen geben sollte. Segovia, das ihm bereits eine gewidmet hatte, dachte, dass es die Erinnerung an den Schriftsteller verbessern sollte, indem es diese Strasse nach ihm benannte.

Der zweite Abschnitt der calle Real reicht von Canaleja, wo das Tor San Martín war, biz zum Corpus-Plätzchen und heisst calle de Juan Bravo. Hier stehen die wichtigsten Gebäude Segovias: Haus der Spitzen,

Promenade El Salón.

Palast des Grafen von Alpuente, Haus der Tordesillas, der Komplex des Platzes San Martín oder die Häuser von so besonderen Institutionen wie die Handelskammer oder das Kasino der Union, ein Vergnügungszirkel der Stadt. In der Nummer 31 kann man einen versteckten Hof mit verdrehten Säulen besuchen, in dessen Mitte es einen hohen Götterbaum von mehr als hundert Jahren gibt.

Die Strasse Isabel la Católica ist der letzte Abschnitt der calle Real, der von dem Corpus-Plätzchen bis zum Hauptplatz geht. Diese Strasse erinnert an die Proklamation der Infantin Isabella zur Königin von Kastilien am 13. Dezember 1474.

Zu diesem Zweck errichtete man ein Podium im Vorhof der Kirche San Miguel, die damals die Mitte des Platzes San Miguel einnahm, wo heute der Musikpavillon steht.

EL SALON

Diese bekannte segovianische Promenade befindet sich am Fuss der Stadtmauer zwischen den verschwundenen Toren der Sonne und des Mondes. Vor dem Norden durch die alten, über der Stadtmauer gebauten Häuser geschützt, mit dem schönen Panorama der Gebirgskette, ist sie Versammlungsort der segovianischen Gesellschaft an sonnigen Winternachmittagen und in frischen Sommernächten. Von dieser Promenade führen uns Abstiege zum Viertel San Millán und zum Bogen San Andrés, um sich am Eingang der Brücke von Sancti Spiritus zu vereinen. Früher war El Salón als **El Rastro** bekannt, da er nahe bei dem Rastrillo-Tor war, einem kleinen Tor in der Nähe des Sonnentors, das Eingang zur Stadt für die Nachzügler nach der Sperrstunde war. In früheren Zeiten wurden hier auch die Lämmer für den Verbrauch geviertailt und die Innereien dieser Tiere verkauft.

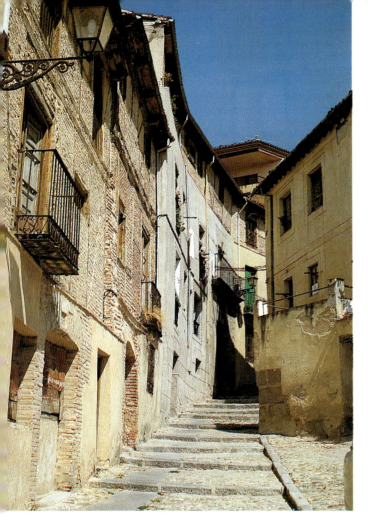 

Zweimal die calle Judería Nueva (Neues Judenviertel).

DIE JUDENVIERTEL

Während des Mittelalters lebten in der Stadt Segovia Christen und Juden Seite an Seite, und es gab weder Verfolgungen noch Überfälle wie in anderen spanischen Judenvierteln. 1412 wendet Königin Catalina de Lancaster eine Norm an, nach der die Juden verpflichtet sind, sich auf die Häuserblöcke hinter dem Mercedarierkloster zwischen den heutigen Strassen de la Almuzara und del Socorro zurückzuziehen. Die Tatsache, dass Isabella I von Kastilien und Ferdinand V von Aragonien 1481 ihre radikale Absonderung verordneten, ist ein genügender Beweis, dass die Juden weiter über die ganze Stadt verteilt wohnten. Das Dekret des Königspaars wurde nur allzugut befolgt, die Fenster und Türen der Häuser von Juden, die an die von Christen grenzten, mussten vermauert werden. Das Judenviertel erstreckte sich also über die heutigen Strassen de la Judería Vieja und de los capitanes de la Paz y Orduña.

Der Stadtteil des alten Judenviertels befand sich bei der Hauptsynagoge, heute Kirche Corpus Christi. Über die enge Strasse des alten Judenviertels geht man weiter bis zur calle de Santa Ana hinunter. Diese führt in archaischen Stufen abwärts bis zum letzten Haus, wo in einer Bogennische das Bild der Heiligen erscheint, der Schutzherrin der Schuster, dem Gewerbe der Juden, die in diesem Gebiet wohnten. Wenn wir diese Strassen hinter der Kathedrale weitergehen, kommen wir zum Socorro-Platz, wo sich das Tor San Andrés öffnet, das Herz des alten Judenviertels, das trotz der Umbauten den Hauch beschwörender ferner Zeiten bewahrt.

Auf der anderen Seite des Socorro-Platzes beginnt der Hang der Strasse, die den Namen Judería Nueva (Neu-

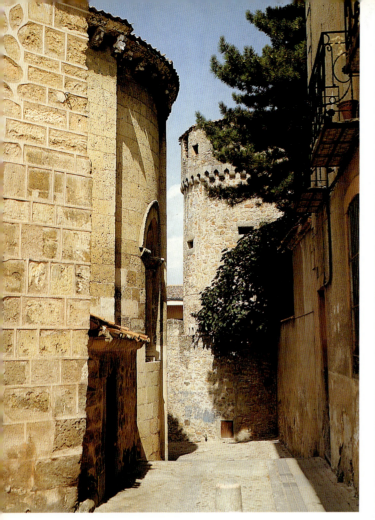 

Calle San Sebastián. *Platz El Socorro.*

es Judenviertel) trägt: eine gekurvte Strasse mit stark abfallenden Stufen, flankiert von alten, bescheidenen Häusern mit zugemauerten Fenstern. Wo sich die Strasse krümmt, ist das Haus mit alten architektonischen Resten erhalten, in dem der Legende zufolge der jüdische Arzt und Pfandleiher Don Mayr gewohnt hat, der Protagonist des übernatürlichen Ereignisses des «Wunders der Hostie» im Jahre 1410. Die Strasse des neuen Judenviertels mündet auf den Platz de la Merced, wo die kleinere Synagoge gestanden hatte.
Wenn man der calle del Socorro folgt, kommt man zu alten runden Wehrtürmen der Stadtmauern, die den Palast der Grafen del Sol beherbergten. Später waren sie Kloster der barfüssigen Karmeliterinnen, das seit dem XVIII. Jh. das städtische Schlachthaus aufnahm, das heute zum Industriesektor der Stadt verlegt ist. Gegenüber diesem Platz gibt es eine grossartige Ansicht des Alkazar; darunter fliesst der Clamores, der sich am Fuss der Festung mit dem Eresma vereint. Über dem Flussbett des Clamores dehnt sich am entgegengesetzten Hang ein Pinienwäldchen auf den Terrains aus, die Judenfriedhof waren, mit freigelegten Gräbern.

HAUS VON ANTONIO MACHADO

Antonio Machado kam Ende 1919 als Professor für Französisch des Gymnasiums der Stadt nach Segovia, wo er zwölf Jahre blieb, vielleicht die Zeit intensivster schöpferischer Arbeit des Dichters. Er lebte in der calle de los Desamparados, mitten im Viertel San Esteban, in einem Haus von bescheidenem Äusseren, in das man durch einen kleinen Hof eintritt, der an ein Kloster von Franziskanernonnen grenzt. Es handelt sich um das Kloster San Juan de Dios, dem man anfügte, was zuvor das Hospital de Desamparados war, das 1594 Don Diego López zur Pflege von Bedürftigen und verlassenen Armen gründete. In dieser erinnerungsträchtigen Strasse, in seinem bescheidenen Zimmer schrieb er Werke wie «Nuevas canciones» (Neue Lieder), «Desdichas de la fortuna» (Missgeschicke des Glücks), «Don Juan de Mañana», «La Duquesa de Benamejí» (Die Herzogin von Benamejí), etc. und das «El Milagro» (Das Wunder) betitelte Gedicht, das mit folgenden Versen anfängt:

*En Segovia, una tarde, de paseo
por la Alameda que el Eresma baña,
para leer la Biblia
eché mano al estuche de las gafas
en busca de ese andamio de mis ojos
mi volado balcón de la mirada...*

(Eines Nachmittags in Segovia, / über die Allee spazierengehend, / die der Eresma bespült, / griff ich, um die Bibel zu lesen, / zum Etui der Brille, auf der Suche / nach diesem Gerüst meiner Augen, / meinen hochgestellten Balkon des Blicks...)

Das Zimmer, das er bewohnte, ist in dem Zustand erhalten, wie er es hatte; die Volkshochschule Segovias sorgt dafür, dass es so bleibt, und als Huldigung widmete sie ihm die Büste in der Mitte des kleinen Hofs des Hauses.

Das Haus, wo in Segovia Antonio Machado lebte, und Porträt des Dichters.

«Kreuzabnahme», von Clérigo Contreras, XV. Jh.

MUSEEN

PROVINZMUSEUM FÜR SCHÖNE KÜNSTE
(Calle de San Agustín)

Es ist in einem alten, grossen Haus des XV. Jh. eingerichtet, dem sogenannten Haus des Edelmanns (casa del Hidalgo). Es bewahrt ein gutes Portal, eine typische Vorhalle und einen Hof mit mittelalterlichem Anhauch. Diesem Museum ist die gotische Kapelle angeschlossen, die früher zum Armenhospital bei dem Platz San Martín gehörte. Die Fassade dieser Kapelle besitzt grossartige gotische Sgraffiti, und ihren Eingang flankieren zwei Granitskulpturen keltiberischen Ursprungs, die für die Kultur der **verracos** (Eber) repräsentativ sind.

Dieses Museum wurde 1846 mit den Werken der abgeschafften Klöster gegründet, aber die wichtigsten gingen an das Prado-Museum von Madrid und an andere Pinakotheken. Trotz allem kann man höchst wichtige vorgeschichtliche und westgotische Funde sehen, die aus segovianischen Fundstellen stammen, wie Fibeln, Gürtelschnallen und Gegenstände zum persönlichen Schmuck. Ausgestellt ist auch eine zahlreiche Sammlung von Schnitzarbeiten und Reliefs, wie die des Altarwerks der verschwundenen Kirche Santa Columba, eine «Anbetung der Könige» aus der Werkstatt von Berruguete und spanisch-flämische Tafelbilder, wie die «Kreuzabnahme» des XV. Jh., genannt Tafelbild der Contreras, ein Triptychon des «Meisters der Nelken» sowie Drucke von Dürer und Rembrandt.

Detail des Altarwerks Santa Columba, XVI. Jh.

Einer der Säle des Zuloaga-Museums.

MUSEUM DANIEL ZULOAGA (Plaza de Colmenares) Es nimmt die Kirche San Juan Bautista ein, die volkstümlich als San Juan de los Caballeros bekannt ist. Ein Bau des XII. Jh., der über einem anderen errichtet wurde, zu dem die Apsis des Mittelschiffs gehört, darüber der Turm, heute ohne Spitze, der Ähnlichkeiten mit dem von San Esteban aufweist.

Im XIII. Jh. wurde eine weitere Apsis auf der Evangelienseite und dann noch eine am Kreuzarm gebaut. Das endgültige Resultat ist eine Kirche auf T-förmigem Grundriss, mit drei Schiffen, sehr schmal die seitlichen, und drei Apsiden, von denen nur die zentrale mit dem Schiff eine Achse bildet. Eine Vorhalle umgibt das Gebäude auf der Süd- und Westseite. Das Überraschendste dieser Kirche ist das Kranzsims der Vorhalle und ihr Portal, wo man ein typisch segovianisches Zierelement wahrnimmt, die Aufeinanderfolge von Blumenrosetten. Die Kirche wurde im XIX. Jh. für den Gottesdienst geschlossen, und 1905 kaufte sie der grosse Keramiker Daniel Zuloaga, der dort seine Öfen und Werkstätten einrichtete und sie zu einem künstlerischen Zentrum machte, das damals internationalen Ruhm genoss. In einer der Apsiden malte Ignacio Zuloaga, der Neffe des Gründers, seine besten Bilder. Als Daniel 1921 starb, setzten seine Kinder Juan, Esperanza und Teodora im Atelier des Vaters die Keramiktradition fort. Nach dem Bürgerkrieg verkauften sie dem Staat das Gebäude, das zur Museumsschule wurde. In seinem Inneren kann man in malerischer Verquickung Möbel, alte Klamotten, die blendende Keramik mit metallischen Reflexen sowie Bilder und Aquarelle von Ignacio und Daniel sehen. Segovia errichtete Daniel Zuloaga ein Denkmal: eine Büste aus rosa Sepúlveda-Stein des Bildhauers Emiliano Barral, eine urwüchsige Büste voller Charakter, mit gekräuseltem Bart im Wind, die uns von dem kleinen Garten her anzuschauen scheint, der das Kopfende der Kirche umgibt.

Detail des Santa-Marta-Festes.

VOLKSTÜMLICHE FESTE

In der Stadt Segovia gab es seit fernsten Zeiten grosse Feste und volkstümliche Feierlichkeiten, von denen heute noch Erinnerungen geblieben sind. Berühmt sind die Feste, die anlässlich der Krönung Isabellas der Katholischen, der königlichen Hochzeit von Philipp II und Anna von Österreich, etc. gefeiert wurden. Das Volk nahm aktiv teil, wobei der Hauptplatz der Schauplatz aller grossen Feste, einschliesslich der Stierkämpfe war, bis im XIX. Jh. der heutige Kampfplatz im Campillo-Viertel gebaut wurde.

Die Karwoche wird mit feierlichen Prozessionen gefeiert. Besonders interessant ist die des Karfreitag wegen der Schönheit und des Wertes der vorbeiziehenden Heiligenbilder: der «Christus» von Gregorio Fernández, aus der Kathedrale; das der Gaskogner; die Einsamkeit, von Santa Eulalia; die Heiligenbilder von Aniceto Marinas der Pfarrkirche San Millán, etc.

Am Fronleichnamstag findet eine weitere schöne Prozession zur Erinnerung an das Wunder der heiligen Hostie statt, die in der Monstranzkarosse aus der Kathedrale kommt.

Diese Feierlichkeiten haben ihren Ursprung in dem Ereignis von 1410, und den Archiven nach war es eines der Feste mit grösserem Etat. Besondere Elemente dieses Festes sind «La Tarasca», eine Art weibliches, teuflisches Ungeheuer und die Riesen.

Die Messen zu Ehren der Heiligen Johannes und Petrus im Juni werden von Grossen und Kleinen mit grossem Aufruhr erwartet, an denen nicht nur die Bewohner der Stadt, sondern auch die der Dörfer teilnehmen. Es werden Stierkämpfe und volkstümliche Sommernachtsbälle mit Attraktionen im Viertel Nueva Segovia veranstaltet. La Catorcena, ein zum Dank für das Wunder des Korpus eingerichtetes Fest, wird am ersten Septembersonntag ins Gedächtnis zurückgerufen und heisst so, weil es ursprünglich jedes Jahr von einer der vierzehn Kirchen veranstaltet wurde, in die die Gemeinden Segovias eingeteilt waren.

Am letzten Sonntag im September wird die Mutter Gottes der Fuencisla gefeiert, ein bewegendes Fest mit ausgesprochen religiösem Geist, das in der Woche zuvor mit einer Morgennovene begonnen wird, zu der Junge und Alte kommen, um Unsere Liebe Frau zu verehren. Ein Fest mit ausgesprochen traditionellem Charakter ist das des Schutzpatrons der Stadt, San Frutos, am 25. Oktober. Die Veranstaltungen beginnen in der Kathedrale mit der Hymne an den «glorreichen Frutos». Dieser Tag war traditionell der Vogeljagd mit Vogelleim als Vorwand für volkstümliche ländliche Picknicks gewidmet.

Zu diesen Festen kommen die der Stadtviertel: Kirchweihen von San Marcos und La Cruz, 25. April und 3. Mai; die von El Carmen am 16. Juli und San Roque im Viertel San Millán am 16. August.

GASTRONOMIE: RESTAURANTS UND GASTHÄUSER

Von segovianischer Küche sprechen heisst, die Sauglamm- oder Spanferkelbraten zu nennen. Das Geheimnis ihres Ruhms ist die Qualität der Tiere, die auf natürlichen Weiden gezogen werden, und die Zubereitungsart in Holzöfen, gewürzt mit Kräutern, Salz und Wasser. Die Forelle des Eresma ist eine erlesene Feinheit, die bereits im XVII. Jh. von dem Prinzen von Wales auf seiner romantischen Reise nach Spanien beschrieben wurde. Ausgezeichnet sind auch die grünen Gemüse und Hülsenfrüchte der Nutzgärten von San Marcos und San Lorenzo, ausserdem, wie auch nicht, die typischen Stangenbohnen von La Granja. All diesem muss man die Produkte der Schweineschlachterei hinzufügen (geräucherte, rote Paprikawurst und Lende *de la olla*, Bratwürste, Speckgrieben, Hackfleisch, etc.), die uns abwechslungsreiche Appetithappen bieten. Unter den Nachspeisen gibt es nichts besseres als der segovianische Punsch, feinster Biskuit mit Eigelb und Marzipan und die *yemas* aus Eidotter und Zucker, die zu den berühmtesten gehören. Das Rezept dieser Süssigkeiten hat einen alten und ehrwürdigen klösterlichen Ursprung. Bis vor kurzem waren die *yemas* der Dominikaner berühmt, die Kringel von San Antonio el Real, die glasierten Biskuits von Santa Isabel und die Mandeltorte der Peralta, die leider am Aussterben sind.

Was die Lokale betrifft, so wäre die Aufzählung etwas ausgedehnt; vom Azoguejo bis zum Hauptplatz über die calle Real laden uns ihre Türen mit angenehmen Reklamen zum Eintreten ein. Ausser eines der vielen Restaurants von Rang zu wählen (Cándido, Bernardino, Duque, etc.) können wir auch schmackhafte Rationen in den typischen Gasthäusern um den Hauptplatz, in jeder der dort ausgehenden Strassen zu uns nehmen.

Das segovianische Kunsthandwerk ist reich an Keramik und Korbflechterei.

MÄRKTE, LÄDEN UND GESCHÄFTSZENTREN

Wenn man einen typischen Tag in Segovia geniessen will, gibt es nichts Besseres, als an einem Donnerstag zu kommen. Reges Leben überflutet die Stadt von den ersten Morgenstunden an. Um den Platz der Nutzgärten konzentrieren sich zahlreiche Verkaufsstände, die von schmackhaftem Gemüse aus den Nutzgärten der Vororte bis zu volkstümlicher Keramik, Stoffe, Schallplatten, etc. anbieten. Es ist der traditionelle Donnerstagsmarkt, der seit 1448 abgehalten wird, als Heinrich IV, noch als Prinz, einen Markt als frei erklärte, der auf dem Platz San Miguel gehalten wurde, zusammen mit einem für Vieh in der Vorstadt von El Mercado.

Auf dem Azoguejo, in der Nähe des Hauptsitzes der Sparkasse (Caja de Ahorros), schliessen Landwirte und Viehzüchter ihre Verträge mit einem Händedruck, wie im Mittelalter. Der Donnerstagsmarkt ist für die Stadt Segovia von lebenswichtiger Bedeutung und ein Schauspiel voller Farbenpracht und Geschichte.

Ausser diesem volkstümlichen Markt gibt es Gebiete, wo man andere Artikel erwerben kann. Die Modeläden konzentrieren sich in der Strasse Fernández Ladreda, calle Real, José Zorilla, den Hauptverkehrsadern der Stadt. Es lohnt sich, bei den Juweliergeschäften anzuhalten, um die aus Gold und kleinen unregelmässigen Perlen hergestellten Ohrringe und Schmucksachen zu bewundern, die zur typisch weiblichen Tracht gehören. Kürzlich hat man in der calle Real, nach dem früheren Gefängnis, hochmoderne Geschäftsgalerien geöffnet, wo man Artikel der letzten Mode erwerben kann. Ausserdem sind sie ein angenehmer Spaziergang und ein interessantes architektonisches Werk, da sie die calle Real mit dem paseo del Salón verbinden.

Fassade des Theaters Juan Bravo.

MUSSE UND KULTURELLE VERANSTALTUNGEN

Das kulturelle Leben in Segovia wird besonders durch die von der Sparkasse organisierten Veranstaltungen bestritten, die im Lozoya-Turm gehalten werden. Das ganze Jahr über gibt es Einzel- und Kollektivausstellungen segovianischer Künstler, wie die Kunsthandwerksmesse während der Karwoche.

Die Eröffnung von Galerien und Ausstellungssälen haben der Stadt reges kulturelles Leben verliehen. Sehr bekannt sind das «Haus des XV. Jh.», gegenüber der Statue von Juan Bravo; die Galerie Machado, in der calle Daoíz; oder Ladreda 25, in der Strasse Fernández Ladreda. Zu berücksichtigen sind auch die Schule für angewandte Künste und Kunstgewerbe sowie die Grafikschule mit Ausstellungen von Werken ihrer Schüler.

Das Kinoprogramm bietet ebenfalls die letzten Erstaufführungen, trotz der allgemeinen Krise des Sektors, die zur Schliessung so traditioneller Kinos wie Cervantes und Sirenas geführt hat. Theateraufführungen gibt es nicht viele, ausser zu den Messen von St. Johannis und St. Petrus, obwohl nach der Wiederherstellung des Theaters Juan Bravo die segovianische Theatertradition wieder aufzuleben scheint. Erwähnenswert ist hier die Inszenierung, während der Messen, des Singspiels «La del Soto del Parral», das in Segovia spielt, wo ausser den berufsmässigen Sängern in den Hauptrollen Laien der Stadt in Nebenrollen und im Chor auftreten.

In der ersten Juliwoche werden die internationalen Festivals für Musik und Theater veranstaltet, deren Schauplätze verschiedene Kirchen sind. Die Woche für Kammermusik in der zweiten Juliwoche bietet sieben Konzerte, die gewöhnlich in der Kathedrale unter Benutzung der Barockorgeln, im Waffenhof des Alkazar oder im Palst von La Granja stattfinden. All dem sind die typischen Tänze, «jotas» und «paloteo», bei den verschiedenen Darbietungen zuzuzählen, die von Stadtverwaltung und Laiengruppen unter jedem Vorwand organisiert werden.

Das Gebäude der Sparkasse.

Der Palast San Ildefonso ist mit ausgedehnten, schönen Gartenanlagen umgeben.

UMGEBUNGEN SEGOVIAS

LA GRANJA DE SAN ILDEFONSO

Der Königssitz La Granja de San Ildefonso befindet sich 11 Kilometer von Segovia und 77 von Madrid entfernt. Der Ort erhebt sich am Nordhang der Bergkette von Guadarrama in einer Höhe von 1.191 m und hat gesundes Klima. Es gab ihn bereits zur Zeit Heinrichs III., der ihn zur Jagd benutzte. Heinrich IV vergrösserte ihn, und Isabella I von Kastilien und Ferdiand V von Aragonien schenkten ihn den Mönchen von El Parral zur Nutzung und Verwaltung. Philipp II machte aus dem primitiven Jagdpavillon einen Palast im Stil des Alkazar von Madrid, El Pardo und El Escorial. Das Gebäude hielt sich, bis es zu Zeiten von Karl II einen Brand erlitt.

Als Philipp V und Isabel de Farnesio den Ort besuchten, beschlossen sie, sich hier hin und wieder zurückzuziehen. Dazu unterzeichneten sie mit den Mönchen von El Parral die amtliche Urkunde des Erwerbs und übertrugen dem Architekten Teodoro Ardemans die Bauarbeiten des Palastes. Diese begannen am 1. April 1721 mit dem Bauführer Juan Román an der Spitze. Der Palast ist ein grosses Gebäude auf rechteckigem Grundriss, mit zwei parallelen Flügeln, welche die Höfe der Wagen und des Hufeisens bilden., während die Mitte in herrerianischer Strenge der Hof des Brunnens einnimmt, der alte Kreuzgang der Hieronymiter. Die Mauern des Palastes sind aus verputztem Mauerwerk, mit architravierten, granitverzierten Nischen und Türmen mit Schieferspitzen. Die Hauptfassade, die zu den Gartenanlagen schaut, entwarf Juvara 1734, und Giovanni Bautista Sachetti beendete sie.

Das Innere des Palastes ist in zwei Stockwerke geteilt. Die verschiedenen Säle sind mit Decken ausgeschmückt, die grösstenteils von Bartolomé Rusca gemalt wurden. Hervorragen die Bilder von Lucas Jordán, Bassano, Houasse, Teniers, die Sammlung von Skulpturen (aus Carrara-Marmor) von Christine von Schweden, Kristallgegenstände, orientalische Ziervasen, japanische Lackarbeiten, Möbel aus feinen Hölzern und vergoldete Bronzearbeiten. Das grosse Museum für Wandbehänge mit Werken des XV. bis XVIII. Jh. ist wegen seiner Bedeutung das erste der Welt.

Die Umgebung des Palastes besteht aus schönen und weitläufigen Gartenanlagen, Seen und einem grossen Park. Die Arbeiten der Gartenkunst und die sie schmückenden Statuen wurden einer französischen Mannschaft aufgetragen, unter denen Etienne Boutelou und René Carlier hervorragen. Philipp V liess Lindenbäume aus Holland, Kastanienbäume aus Spanisch-Amerika und andere Arten bringen, um den grossen Wald zu bepflanzen. René Fremin und Jean Thierry bildhauerten ab 1721 die Statuen und Gruppen der Springbrunnen.

Das vollständige Schauspiel der Wasserspiele der Springbrunnen wird nur zu einigen Festen gegeben, besonders zu dem von St. Ludwig, dem Patron des Königssitzes, am 25. August. Zweifellos sind die Wasserspiele von San Ildefonso die schönsten ihrer Art in Europa.

Gartenanlagen von la Granja de San Ildefonso: Froschbrunnen.

Die Grosse Kaskade besteht aus einem Treppenaufgang aus vielfarbenen Marmorarten. ▷

Hauptfassade des Palastes von Riofrío.

Palast von Riofrío: Saal des Jagdpavillons Karls V. und der Saal, der 150 Bilder der Serie «Leben Unseres Herrn Jesus Christus» vereint.

PALAST RIOFRIO

Der Palast Riofrío befindet sich 10 km von Segovia und 12 von San Ildefonso entfernt, inmitten eines schattigen Steineichenwaldes. Sein Bau, der aus dem XVIII. Jh. datiert, ist Isabel de Farnesio, der Witwe Philipps V. zu danken.

Es handelt sich um ein Gebäude klassizistischen Stils, auf quadratischem Grundriss. Es hat drei ungleiche Stockwerke, wobei die vier Fassaden fast identisch sind. Der Entwurf wurde dem italienischen Architekten Virgilio Robaglio aufgetragen, während Pedro Sexmini der Autor der bildhauerischen Ausstattung war. Der Komplex gehört zu den spanischen Baudenkmälern, die am meisten an römische Paläste erinnern, und der rosafarbene Ton verleiht ihm noch besonderen Reiz.

Von seinem Inneren sind der zentrale Innenhof und die Haupttreppe hervorzuheben. Der Palast versammelt wertvolle Werke, unter denen die Gemälde, Sammlungen von Wandteppichen und das antike Mobiliar hervorragen.

Heute beherbergt der Palast ein wichtiges Jagdmuseum.

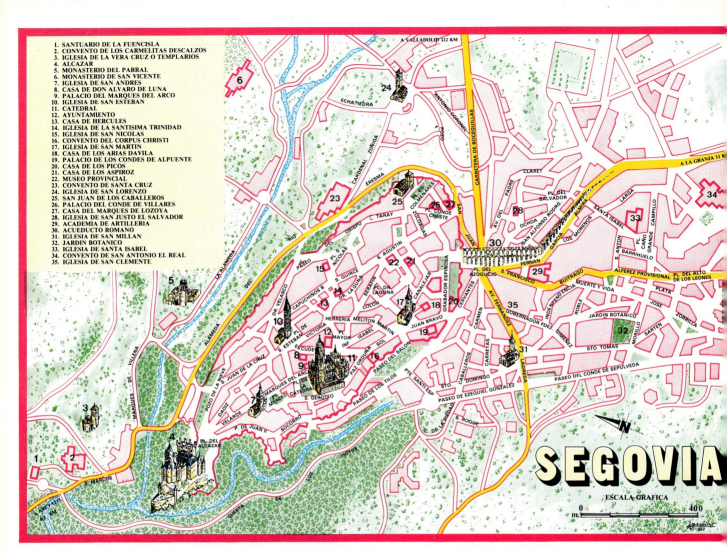

Inhalt

GESCHICHTE UND STÄDTEBAUCLICHE ENTWICKLUNG SEGOVIAS	3
GESAMTBILD SEGOVIAS UND SEINER BAUDENKMÄLER	5
EINZELNE BAUDENKMÄLER	10
RELIGIÖSE BAUDENKMÄLER	16
PALÄSTE UND BEFESTIGTE HÄUSER	53
ÖFFENTLICHE GEBÄUDE	69
PLÄTZE	74
ALLEEN UND GARTENANLAGEN	77
MUSEEN	82
VOLKSTÜMLICHE FESTE	85
GASTRONOMIE: RESTAURANTS UND GASTHÄUSER	86
MÄRKTE, LÄDEN UND GESCHÄFTSZENTREN	87
STAMMTISCHE UND EINEN TRINKEN GEHEN	88
UMGEBUNGEN SEGOVIAS	89

KOLLEKTIONEN ESCUDO DE ORO, S.A.

GANZ SPANIEN

1. MADRID
2. BARCELONA
3. SEVILLA
4. MALLORCA
5. COSTA BRAVA
6. CORDOBA
9. GRANADA
10. VALENCIA
11. TOLEDO
12. SANTIAGO
13. IBIZA und Formentera
14. CADIZ
15. MONTSERRAT
17. TENERIFE
20. BURGOS
24. SEGOVIA
25. ZARAGOZA
26. SALAMANCA
27. AVILA
28. MENORCA
29. SAN SEBASTIAN und Guipúzcoa
30. ASTURIEN
31. LA CORUÑA und die Rías Altas
32. TARRAGONA
40. CUENCA
41. LEON
42. PONTEVEDRA, VIGO und die Rías Bajas
43. RONDA
46. SIGUENZA
47. ANDALUSIEN
48. CANTABRIA
52. EXTREMADURA
54. MORELLA
58. VALLDEMOSSA

REISEFÜHRER

1. MADRID
2. BARCELONA
3. LA RIOJA
4. MALLORCA
6. SANTIAGO DE COMPOSTELA
7. SEVILLA
8. ANDALUCIA
9. GRAN CANARIA
12. GALICIA
13. CORDOBA
14. COSTA BLANCA
15. GRANADA
21. SALAMANCA
22. SEGOVIA
25. AVILA
26. HUESCA
28. TOLEDO
30. SANTANDER

---

4. LONDON

---

1. LA HABANA VIEJA
2. EL CAPITOLIO (CUBA)

---

1. MAROKKO

GANZ EUROPA

1. ANDORRA
2. LISSABON
3. LONDON
4. BRUGGE
6. MONACO
7. WIEN
11. VERDUN
12. DER TOWER VON LONDON
13. ANTWERPEN
14. WESTMINSTER-ABTEI
15. SPANISCHE REITSCHULE IN WIEN
17. DAS SCHLOSS WINDSOR
18. COTE D'OPAL
19. COTE D'AZUR
22. BRUSSEL
23. SCHÖNBRUNN-PALAST
26. HOFBURG
27. ELSASS
28. RODAS
32. PERPIGNAN
33. STRASBURG
34. MADEIRA + PORTO SANTO
35. CERDAGNE - CAPCIR
36. BERLIN

TUORISMUS

1. COSTA DEL SOL
2. COSTA BRAVA
3. ANDORRA
4. ANTEQUERA
6. MENORCA
8. MALLORCA
9. TENERIFE
14. LA ALPUJARRA
15. LA AXARQUIA
16. PARQUE ARDALES Y EL CHORRO
17. NERJA
18. GAUDI
19. BARCELONA
21. MARBELLA
23. LA MANGA DEL MAR MENOR
25. KATHEDRALE VON LEON
26. MONTSERRAT
34. RONDA
35. IBIZA-FORMENTERA
37. GIRONA
38. CADIZ
39. ALMERIA
40. SAGRADA FAMILIA
42. FATIMA
43. LANZAROTE
44. MEZQUITA HASSAN II
45. JEREZ DE LA FRONTERA
46. PALS
47. FUENGIROLA
48. SANTILLANA DEL MAR
49. DIE ALHAMBRA UND DER GENERALIFE
50. WESTMINSTER-ABTEI
51. MONACO-MONTECARLO

GANZ AMERIKA

1. PUERTO RICO
2. SANTO DOMINGO
3. AREQUIPA
4. COSTA RICA
6. CARACAS
7. LA HABANA
8. LIMA
9. CUZCO

GANZ AFRIKA

1. MAROKKO
2. DER SUDEN MAROKKOS
3. TUNESIEN

KUNST IN SPANIEN

1. PALAU DE LA MUSICA CATALANA
2. GAUDI
3. PRADO-MUSEUM I (Spanische Malerei)
4. PRADO-MUSEUM II (Auslandische Malerei)
5. KLOSTER VON GUADALUPE
7. MUSEUM DER SCHÖNEN KÜNSTE VON SEVILLA
10. DIE KATHEDRALE VON GIRONA
11. GRAN TEATRO DEL LICEO
12. ROMANICO CATALAN
14. PICASSO
15. REALES ALCAZARES DE SEVILLA
19. DIE ALHAMBRA UND DIE GENERALIFE
21. KÖNIGLICHER SITZ VON ARANJUEZ
22. KÖNIGLICHER SITZ VON EL PARDO
24. KÖNIGLICHER SAN ILDEFONSO
26. PILAR-BASILIKA VON SARAGOSSA
27. TEMPLE DE LA SAGRADA FAMILIA
28. ABTEI VON POBLET
29. KATHEDRAL VON SEVILLA
30. KATHEDRAL VON MALLORCA
32. MEZQUITA DE CORDOBA
33. GOYA
34. KATHEDRAL VON BARCELONA
35. CASA - MUSEU CASTELL GALA-DALI PUBOL
36. CATEDRAL DE SIGUENZA
37. SANTA MARIA LA REAL DE NAJERA
38. CASA - MUSEU SALVADOR DALI PORT LLIGAT

MONOGRAPHIEN K.

5. SONNERGIE IN DER CERDAGNE
10. MORELLA
20. CAPILLA REAL DE GRANADA
31. CORDILLERAS DE PUERTO RICO
38. GIBRALTAR
50. BRÜGGE
68. MONASTERIO DE PIEDRA
70. TORREVIEJA
74. VALLDEMOSSA
75. ANTWERPEN
84. KATHEDRAL VON MALLORCA
85. KATHEDRAL VON BARCELONA
86. VALL D'UXO

MONOGRAPHIEN G.

5. PUERTO RICO
6. EL VIEJO SAN JUAN
9. STADT BRUJAS
19. MURALLAS DE SAN JUAN

KARTEN

1. MADRID
2. BARCELONA
6. LONDRES
8. ALICANTE
20. PANAMA
31. SEVILLA
33. BRUJAS
36. SEGOVIA
37. CORDOBA
38. CADIZ
40. PALMA DE MALLORCA
45. JEREZ DE LA FRONTERA
47. AVILA
48. ANDORRA
50. SALAMANCA
52. LEON
53. BURGOS
58. IBIZA
78. GRANADA
80. MONACO
93. MENORCA
94. LA MANGA DEL MAR MENOR
96. COSTA BRAVA
97. LLORET DE MAR
98. SANTANDER

Gesamtherstellung: Text, Photographien, Darstellung und Druck
EDITORIAL ESCUDO DE ORO, S.A.
Alle Rechte des Nachdrucks und der Übersetzung, auch auszugsweise, vorbehalten.
Copyright © EDITORIAL ESCUDO DE ORO, S.A.
5. Ausgabe - I.S.B.N. 84-378-1559-2
Dep. Legal. B. 1101-1999

Protegemos el bosque; papel procedente de cultivos forestales controlados
Wir schützen den Wald. Papier aus kontrollierten Forsten.
We protect our forests. The paper used comes from controlled forestry plantations
Nous sauvegardons la forêt: papier provenant de cultures forestières contrôlées